Sabine Boltz

Entspannungsübungen für Kinder

D1731454

Sabine Boltz

Entspannungsübungen für Kinder

Mehr Ruhe und Konzentration in Grundschule, Kindergarten und Tagesstätte

Impressum

© 2006, CARE-LINE Verlag GmbH
Fichtenstraße 2, 82061 Neuried
Tel.: 089-7455510, Fax: 089-74555113
E-Mail: verlag@care-line.de
Internet: www.care-line.de

Redaktion: Ute Behr, Bianca Müller, Eva Christian
Fotos/Illustrationen: Sabine Boltz, Veronika Dimke
Titelgestaltung: Carsten Klein
Satz und Layout: Karin Hirl

ISBN 10: 3-937252-93-2
ISBN 13: 978-3-937252-93-3

Bibliografische Information Der Deutschen Bibliothek
Die Deutsche Bibliothek verzeichnet diese Publikation in der Deutschen Nationalbibliografie;
detaillierte bibliografische Daten sind im Internet über http://dnb.ddb.de abrufbar.

Inhaltsverzeichnis

Für dich und mich

und für alle,
die mich bis jetzt
auf meinem Weg begleitet
und unterstützt haben

und alle, die weiter mit mir
auf dem Weg sind

und für Magdalena, Stefanie, Michael,
Bernd, Maximilian und Tobias,
die Kinder, die sich mit mir auf das Abenteuer
„Entspannung in der Grundschule"
eingelassen haben

sowie für alle,
die sich nun auch
auf den Weg machen

Sabine Boltz

Entspannung? Ja bitte!

„Was könnte wichtiger sein als das Wissen?", fragte der Verstand.
„Das Gefühl und mit dem Herzen sehen", antwortete die Seele.

Flavia

Entspannung, wer hat die eigentlich nicht nötig? Beinahe jeder Erwachsene fühlt sich in unserer hektischen Zeit laut Umfragen gestresst, ausgelaugt, unruhig, angespannt. Und zunehmend klagen auch Kinder über Ermüdung und Überlastung. Wenn – alte oder junge – Menschen ein überfrachtetes Leben führen und ständig unter Erholungsdefiziten leiden, reagiert der Körper früher oder später mit Verspannungen, Kopfschmerzen oder einem schwachen Immunsystem, und auch die Seele wird angegriffen und belastet.

So weit muss es aber gar nicht kommen. Sinnvoll ist es, Prävention zu betreiben und schon Kinder dahin zu bringen, sich mit den eigenen Entspannungsmöglichkeiten zu beschäftigen. Denn jeder kann zu der Entspannung finden, die er braucht, jeder hat die Begabung zu entspannen. Oftmals muss man dazu jedoch erst einmal „Blockaden" überwinden, die den Weg zu den eigenen Ruhequellen behindern oder versperren. Dabei können wir Erwachsene sehr von der Zusammenarbeit mit Kindern profitieren, da Kinder viel unbefangener mit den im Folgenden vorgestellten Formen der Körperarbeit und mentalen Techniken umgehen, viel spontaner reagieren und ihre Wahrnehmungen sehr ausdrucksstark wiedergeben. Mit den Kindern können wir auf Entdeckungsreise gehen, gemeinsam unsere Kräfte erkunden und uns dabei von ihrer Begeisterung anstecken lassen. Das ist auch in der Schule, im Kindergarten oder in der Tagesstätte möglich – und gerade dort oft sehr notwendig, um wieder ausreichend frische Energie für den Alltag zu tanken.

Energiequelle Entspannung

▌ Entspannungspotenzial

Wenn man auf einem falschen Energieniveau lebt, sind die Kräfte irgendwann erschöpft. Ruhe und Aktivität müssen in einem gesunden Verhältnis zueinander stehen. Wir alle müssen lernen, auf die Signale von Körper und Seele zu hören. Durch die verschiedenen Meditationsformen, Atemtechniken und Körperübungen kann jeder ein besseres Verständnis und Gespür für sich und den eigenen Körper erhalten. Die Übungen helfen dabei, das bestehende Entspannungspotenzial freizusetzen, den Energiefluss zu aktivieren und Blockaden aufzulösen bzw. zu verhindern. Der Begriff Entspannungspotenzial umfasst dabei die individuellen Möglichkeiten, abzuschalten, zu mehr innerer Ruhe zu kommen und die Leistungsfähigkeit zu stärken. Das Ziel ist es, neue Kraft zu gewinnen und seelische Ausgeglichenheit zu erreichen, also eine Grundzufriedenheit mit Körper, Geist und Seele herzustellen.

▌ Warum Entspannungsübungen mit Kindern?

Noch ein zusätzliches Thema für Schule, Kindergarten oder Tagesstätte! Haben wir nicht schon genug Aufgaben zu erfüllen? Brauchen wir wirklich noch etwas Neues?

Die Frage, warum Entspannung einen Platz bekommen sollte, basiert auf der Frage, was ein Kind überhaupt für seine gesunde Entwicklung braucht. So bringen Entspannungsmethoden einen anderen Blick auf das, was Grundvoraussetzung ist für die körperliche und seelische sowie die geistige und spirituelle Entwicklung des Kindes, also für seine ganze Persönlichkeit.

Die Kinder- und Jugendbuchautorin Irmela Brender fasst dies in einem Gedicht folgendermaßen zusammen:

Ein Kind braucht seine Ruhe,
die Kleider und die Schuhe,
die Mahlzeit und den Raum,
Wiese, Luft und Baum.

Ein Kind braucht gute Schulen
und auch mal Schlamm zum Suhlen
und oft ein gutes Wort
und Freunde hier und dort.

Ein Kind braucht sehr viel Freude
und gute Nachbarsleute,
Lust auf den nächsten Tag
und jemand, der es mag.

Irmela Brender

(Quelle: War einmal ein Lama in Alabama. Allerhand Reime und Geschichten in Gedichten. Verlag Friedrich Oetinger GmbH, Hamburg)

Was also braucht ein Kind nun wirklich? Ruhe, Raum, Wiese, Luft und Baum, gute Schulen, gute Worte, Freude und Freunde und Liebe.

Wiese, Luft und Raum stehen für das Bedürfnis nach Naturerfahrung, bewusstem Atmen und nach Bewegungsfreiraum. Freude durch bewusstes Erleben der Welt und optimistische Aussichten in Bezug auf die Zukunft gehören ebenso zu den Grundbedürfnissen eines Kindes wie das Geborgensein, das es in „guten" Worten und Beziehungen erfahren darf.

Alles andere ließe sich diesen Grundbedürfnissen unterordnen. Selbstständigkeit und Orientierung, aber auch Grenzen kann das Kind in der liebevollen Begegnung mit seiner Familie erfahren, ebenso wie im Kontakt zu Gleichaltrigen und Freunden.

Die Pädagogin Andrea Peschel fasst die kindlichen Grundbedürfnisse schwerpunktmäßig als „Sehnsüchte" zusammen:

1. Die Sehnsucht nach Glück und Zufriedenheit.
2. Die Sehnsucht nach Anerkennung und Bestätigung.
3. Die Sehnsucht nach Bewegung und Körpererfahrung.

Alle diese „Sehnsüchte" der Kinder können und sollten beispielsweise auch in der Schule zum Zuge kommen. Entspannungsübungen ermöglichen z.B. durch Körperwahrnehmung, Körperkontakt und Selbsterfahrung einen direkteren und intensiveren Zugang zu den kindlichen Bedürfnissen, als das im lern- und leistungsorientierten Unterricht möglich ist, was durchaus im Sinne Maria Montessoris ist, die einmal sagte:

„Die Aufgabe der Umgebung ist nicht, das Kind zu formen, sondern ihm zu erlauben, sich zu offenbaren."

„Die Dinge sind nie so, wie sie sind.
Sie sind immer das, was man aus
ihnen macht."

Jean Anouilh

▪ Wer kann Entspannungsübungen anbieten?

Im Prinzip kann jeder, der bereit ist, auf seine Wahrnehmungen zu achten und auf diese zu vertrauen, Entspannung in die Tat umsetzen. Wer sich selbst auf das Abenteuer einlässt, seine Energie bewusst zu spüren, zu bewahren und auszuweiten, der kann die daraus gewonnenen Erkenntnisse auch seinen Schülern zugute kommen lassen. Deshalb sind eigene Erfahrungen unbedingt empfehlenswert, vielleicht sogar notwendig (z.B. mit verschiedenen Formen der Körperarbeit, mit Yoga oder Meditation).

Genauso wichtig ist es, die Schüler nicht nur zu den einzelnen Einheiten anzuleiten, sondern diese tatsächlich mitzuerleben.

Noch mehr als im „normalen" Unterricht kann sich der Leiter/die Leiterin selbst ins Geschehen einbringen. Dies ist für beide Seiten von entscheidender Bedeutung für die Qualität der Übungen! Wer nur sagt, was die Kinder machen sollen, wird die Entspannungsstunden mit den Kindern sicher anders erleben, als der, der die Übungen mit den Kindern durchführt und authentisch und achtsam dabei ist.

Dabei sollte man allerdings die Erwartungen am Anfang nicht zu hoch schrauben. Wer bisher erst wenig eigene Erfahrungen gemacht hat, braucht vielleicht noch mehr Geduld oder Ruhe, um sich auf die Übungen einzulassen, als jemand mit Vorkenntnissen. Er hat aber auch die Chance, gleichzeitig mit den Kindern zu erleben und zu lernen.

„Nur der Mensch, der sich verstanden fühlt, ist bereit, sich verstehen und führen zu lassen."

Emil Oesch

▌Mit welchen Kindern können die Übungen durchgeführt werden?

Im Grunde können die Übungen mit allen Kindern durchgeführt werden, die körperlich und seelisch in einem gesunden, stabilen Zustand sind. Mit Kindern, die sich in psychiatrischer Behandlung befinden oder die organische Probleme haben, sollten Sie nur dann arbeiten, wenn Sie sich lange mit Energiearbeit auseinandergesetzt haben, z.B. im Rahmen einer Ausbildung. Ansonsten gibt es keine Einschränkungen. Es bietet sich allerdings an, verschiedene Methoden oder Techniken bei besonderen Auffälligkeiten im Individual- oder Sozialverhalten einzusetzen bzw. Schwerpunkte zu setzen.

Energiearbeit lässt sich in allen Altersstufen durchführen. Dabei ergibt es sich von selbst, dass der inhaltliche Rahmen, die Sprache oder Intention vom Alter der Kinder oder Jugendlichen abhängig ist, d.h. die Übungen bleiben an sich gleich, werden jedoch in einen alters- und situationsgemäßen Zusammenhang gebracht. In ihrer Gesamtheitsollten die Übungen den Bedürfnissen der Kinder gerecht werden und jeweils vereinfacht oder vertieft werden. Besonders geeignet sind die Übungen der Energiearbeit für hyperaktive Kinder oder Kinder, die aus verschiedenen Gründen ihrer Lebens- und/oder Schulgeschichte sehr angespannt sind. Auch Kinder, die sich selbst nur wenig oder gar nicht spüren können, und das sind heute immer mehr Kinder und Jugendliche, werden viel von der Energiearbeit profitieren können.

Die ausgeführten Praxisbeispiele eignen sich am besten für Kinder vom 5. bis zum 10. Lebensjahr. Davor und danach sind die Übungen selbstverständlich auch durchführbar, müssen aber – wie oben erwähnt – in einen anderen Kontext gestellt werden.

„Die Zukunft erkennt man nicht, man schafft sie."

Stanislaw Brzozowski

„Tu deinem Leib etwas Gutes, damit deine Seele Lust hat, darin zu wohnen."

Teresa von Avila

❚ Welchen Rahmen braucht es dazu?

Für etwas so „Ungewöhnliches" wie Entspannungsmethoden scheint zunächst in einer pädagogischen Einrichtung der geeignete Rahmen zu fehlen: der passende Raum, der konkrete Lehrplanbezug, die nötige Zeit, die richtigen Kinder, das benötigte Material, die verständnisvollen Kollegen usw.

Doch genauer betrachtet ist es gar nicht so schwierig, stärkende und belebende Übungen auch unter nicht ganz idealen Bedingungen in die Tat umzusetzen. Schaffen Sie die Bedingungen, rücken Sie ab vom Perfektionismus und beginnen Sie.

Fangen Sie mit kleinen Beispielen und Einheiten an und erweitern sie diese allmählich. Wenn Sie Ihre eigene Fantasie und Kreativität einsetzen, werden Sie staunen, was sich alles erreichen lässt, obwohl doch scheinbar der passende Rahmen fehlte. Warten Sie nicht auf ideale Bedingungen, beginnen Sie mit dem, was vorhanden ist!

❚ Was bringen Entspannungsmethoden den Kindern und Ihnen?

Die einfachste Antwort darauf lautet: Probieren Sie es aus und Sie werden sehen! Eine andere Antwort ist: Bestimmt nicht das, was Sie erwarten!

Wie heißt Ihre Antwort?

Entspannungstechniken

▌Verwendete Methoden und Techniken

Es gibt eine Vielzahl von Veröffentlichungen zu den einzelnen Techniken und Methoden, die in den folgenden Praxisbeispielen eingesetzt werden. Die Methoden stammen aus den unterschiedlichsten Kulturkreisen, z.B. aus Indien, China oder Japan und haben nicht selten eine lange Tradition, vor allem was den Bereich der Meditation betrifft. Andere hingegen sind jüngeren Datums und folgen in ihrem Ansatz den Erkenntnissen der Psychoanalyse (z.B. autogenes Training, Fantasiereisen) oder der ganzheitlichen Pädagogik (z.B. Klangmassage). Was zunächst unvereinbar scheint, erweist sich als durchaus geeignet für den Einsatz in Kindergruppen. Neu daran ist der Versuch, verschiedene Methoden durch ein bestimmtes Thema zu verbinden und miteinander zu kombinieren. Um einen ersten Überblick zu gewährleisten, werden im Folgenden alle Methoden, aus denen Elemente für die Arbeit mit Kindern verwendet wurden, kurz vorgestellt und ihre für den Einsatz in der Schule wichtigsten Merkmale erläutert.

„Was wir mit dem Verstand erkennen, ist wichtig, aber das Wichtigste ist noch nicht das Ganze."

Berthold Lutz

Autogenes Training

Autogenes Training ist eine gezielte Form der Selbstentspannung verbunden mit Entspannungsgeschichten und Fantasiereisen die Elemente der Ruhe, Schwere, Wärme und Atmung beinhalten. Teilweise enthält das autogene Training formelhafte Vorsatzbildungen, die Ähnlichkeit mit Affirmationen haben, mit dem Ziel einer meditativen Bewusstseinsbildung.

Für die Schule und die Arbeit mit Kindern kann das klassische autogene Training nur in einem eigenen Lehrgang durch einen ausgebildeten Lehrer für autogenes Training vermittelt werden. In den hier vorgestellten Beispielen werden lediglich Elemente des autogenen Trainings übernommen, auch wenn der Einfachheit halber immer von „autogenem Training" die Rede ist.

Shiatsu

Shiatsu ist eine ganzheitliche, meditative Behandlungsform, die durch Berührung den Energiefluss im Körper anregt, Ausgeglichenheit schafft und Blockaden löst. Mit den Fingern, besonders mit dem Daumen und den flachen Händen wird Druck auf bestimmte Körperpunkte (ähnlich den Akupunkturpunkten) und Meridiane (Energiebahnen) gegeben. Die Energie dazu kommt aus dem Hara, dem Körperschwerpunkt und Energiezentrum des Menschen.

Für eine Umsetzung der Praxisbeispiele in der Arbeit mit Kindern, ohne eine entsprechende Ausbildung, genügen einfache Kontaktübungen, die ohne Druck ausgeführt werden.

„Durch Klang kann nichts passieren, was nicht ohnehin auf dem Weg an die Oberfläche ist."

Connie Henning

Klangschalenarbeit und Klangmassage

Ähnlich wie Düfte berühren auch Klänge unser Innerstes. Die heilende Wirkung von Klängen und Musik wird zunehmend auch von wissenschaftlicher Seite her bewiesen und anerkannt.

Klänge bringen die Seele zum Schwingen, streben nach Harmonie und vermögen so einen ausgeglichenen Energiezustand zu erreichen. Denn die Schwingungen breiten sich im Körper aus und ermöglichen eine Tiefenentspannung, den so genannten „Alpha-Zustand".

Wissenschaftliche Erkenntnisse zeigen, dass Klang und Musik sowohl psychische Reaktionen als auch eine Beeinflussung des Hormonhaushaltes hervorrufen. Bei der Klangschalenarbeit geht es zunächst um das Hören unterschiedlicher Töne, das Nachspüren und das Wahrnehmen der Schwingungen. Verstärkt werden diese Erfahrungen durch das gleichzeitige Erleben (Hören und Spüren), wenn die Klangschale auf einem

Körperteil aufliegt und angeschlagen wird. So lernen die Kinder, wie sie sich gegenseitig Erfahrung und Freude schenken und diese annehmen können.

„Fantasie haben heißt nicht, sich etwas ausdenken; es heißt, sich aus den Dingen etwas machen."

Thomas Mann

Fantasiereisen

Fantasiereisen dienen zum einen der psychischen und physischen Entspannung. Deshalb eignen sie sich bei der Arbeit mit Kindern besonders als Einstiegs- oder Schlussphase. Zum anderen regen sie die Fantasie an und ermöglichen es, Impulse für den Einstieg in ein bestimmtes Thema zu geben. Fantasiereisen können deshalb gut mit anderen Methoden kombiniert werden, sind aber auch als eigenständige Einheit einsetzbar. Dabei sitzen – oder besser noch liegen – die Kinder bequem auf einer Decke am Boden. Sie schließen, wenn es ihnen möglich ist, die Augen und hören einer Geschichte zu.

„Yoga ist Freundschaft."
Elisabetta Furlan

Yoga

Yoga gehört inzwischen zu den bekanntesten und populärsten „Entspannungstechniken" und Formen der Meditation und Selbsterfahrung. Dabei kennen viele Europäer hauptsächlich das körperorientierte Hatha-Yoga. Yoga fördert eine gesunde Körperbeherrschung in Harmonie von Körper, Geist und Seele. Yoga beeinflusst die Atmung und die Konzentrationsfähigkeit positiv, lässt Stille erfahren und stärkt über bewusst durchgeführte Bewegungen das Körper- und damit auch das Selbstbewusstsein. Bei der Arbeit mit Schulkindern steht das spielerische Erleben im Vordergrund. Traditionelle Yoga-Übungen werden daher oft in kleine Geschichten „verpackt".

„Die Hände sind das sensibelste Werkzeug und die ausdrucksvollsten Glieder des Menschen und ein wichtiges Mittel zur Kommunikation."

Ingrid Ramm-Bonwitt

Mudras

Mudra ist ein Begriff aus der östlichen Tradition und Heilkunde, der sehr vielfältig verstanden werden kann, z.B. als Geste, mystische Stellung der Hände bzw. der Finger oder als Symbol. Durch das Bewegen und Halten der Finger in einer bestimmten Form, z.B. gekrümmt, überkreuzt, gestreckt... oder durch gegenseitiges Berühren können bestimmte Bewusstseinszustände erreicht werden, die Körper und Geist positiv beeinflussen.

„Tanzen ist Träumen mit den Beinen."
Herwig Mitteregger

Meditation und meditativer Tanz

Meditation ist eine der bewährtesten und ältesten Methoden, um Körper, Geist und Seele zu entspannen, vom Alltag abzuschalten und zu innerer Ruhe zu gelangen. Bewusstes, natürliches Atmen und – je nach Meditationsform – verschiedene Konzentrationstechniken sind feste Bestandteile der Meditation. Wichtig beim Sitzen in der Stille ist die aufrechte Haltung der Wirbelsäule. Wenn möglich sind die Augen halb oder ganz geschlossen, die Zunge liegt am Gaumen, hinter den Schneidezähnen.

Meist besteht mit den Kindern kaum eine Möglichkeit, regelmäßig und ernsthaft Meditation zu üben. Ein einfacher Einstieg gelingt jedoch mit einer besonderen Form der Meditation, dem Tanz. Dabei werden u.a. die linke und rechte Gehirnhälfte angeregt und zur „Zusammenarbeit" gebracht. Sich selbst zu vergessen, ja einfach geschehen zu lassen, sind ebenfalls Wirkungen des meditativen Bewegens. Für Kinder im Grundschulalter eignen sich natürlich vorwiegend einfache Tänze mit wenigen Schrittfolgen und Bewegungsabläufen bzw. unkomplizierten Handfassungen.

▌ Hinweise

Nach der Vorstellung der Methoden, die in die Entspannungsübungen mit Kindern eingegangen sind, gilt es zum Abschluss noch auf einige Grundgedanken hinzuweisen, an denen man sich immer wieder gut orientieren kann:

- Jedes Kind ist einzigartig und hat auf seinem Gebiet besondere Fähigkeiten.
- Jedes Kind strebt danach, geliebt und anerkannt zu werden und möchte sich einer Gruppe zugehörig fühlen.
- Jedes Kind trägt die Ressourcen zu einem erfüllten Leben in sich und bedarf der entsprechenden Anleitung, um den Zugang zu den eigenen Potenzialen zu finden.

Dementsprechend sollten den Kindern statt Begrenzungen stets neue Wahlmöglichkeiten eröffnet werden, damit sie sich optimal entfalten können. Lassen wir uns vom Ansatz des positiven Denkens leiten, und zwar nicht nur was das einzelne Kind betrifft – vielmehr sollte dies auch in einer entspannten, offenen und freundlichen Gruppenatmosphäre zum Tragen kommen.

Versuchen wir alle Sinne des Kindes anzusprechen und begreifen es in seiner Ganzheit und als Individuum. Dies sollte beispielsweise auch im sprachlichen Bereich zum Ausdruck kommen, wenn die Schüler lernen zu sagen: „Ich habe gespürt ... gemerkt ...", statt: „Man hat gespürt, ... gemerkt". Je intensiver Kinder fühlen und erleben lernen, desto näher kommen sie in Kontakt mit sich selbst.

▌ Wirkungsbereiche der Methoden

An einigen Beispielen möchte ich aufzeigen, welche Bereiche bei den jeweiligen Methoden schwerpunktmäßig angesprochen werden:

Autogenes Training:
- Entspannung
- Ruhe
- Bewegung
- Atmung

Klangmassage:
- Atmung
- Entspannung
- Ruhe
- Gefühl

Fantasiereisen:
- Gefühl
- Intuition
- Atmung
- Ruhe
- Entspannung
- Kreativität

Yoga:
- Atmung
- Bewegung
- Gefühl
- Ruhe
- Entspannung

Mudras:
- Intuition
- Entspannung
- Ruhe
- Bewegung

Die meisten dieser Methoden haben insofern eine Verbindung zueinander, als sie in einer meditativen Atmosphäre durchgeführt werden und auf einen Zustand abzielen, der nach innen führt und sich im weitesten Sinne als Meditation bezeichnen lässt:

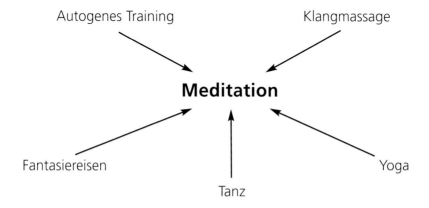

„Damit das Mögliche entsteht,
muss immer wieder das Unmögliche
versucht werden."

Hermann Hesse

▌ Ziele der Entspannung

Mit jeder Unterrichtseinheit, in der verschiedenste Methoden Anwendung finden, verbinden sich natürlich auch bestimmte Ziele: Ziele, die vielleicht gar nicht immer erreicht werden oder erreicht werden können, die aber einen Weg vorgeben, der sowohl Schüler als auch Lehrer ein Stück weiter in Richtung Persönlichkeitsentwicklung bringt.

Diese Ziele sind zugleich Elemente und Grundlagen der Entspannungsübungen:

- Entwicklung
- Achtsamkeit
- Selbstbewusstsein
- Wahrnehmung
- Sinnesschulung
- Körperbewusstsein
- Offenheit
- Selbstvertrauen
- Gelassenheit
- Konzentration
- Ausgeglichenheit
- Selbstständigkeit

Zu jedem dieser Ziele ließe sich nun sehr viel ausführen, zu jedem gibt es aber auch mehr als genug an Literatur. Vielleicht ist es daher wichtiger zu schauen: Was verbinde ich mit den Zielen, was bedeuten sie für mich, wozu will ich sie mit meinen Schülern erreichen? Im Folgenden finden Sie Platz, um sich über Ihr Verständnis dieser Ziele Gedanken zu machen:

Entwicklung

_____

_____

Selbstbewusstsein

_____

_____

Sinnesschulung

Gelassenheit

Offenheit

Ausgeglichenheit

Selbstständigkeit

Konzentration

Selbstvertrauen

_____

_____

Körperbewusstsein

_____

_____

Wahrnehmung

_____

_____

Achtsamkeit

_____

_____

Persönlichkeit

_____

_____

▊ Grundlagen und Prinzipien der Entspannungsübungen

Folgende Begriffe sind untrennbar mit den Entspannungsmethoden verbunden und liegen ihnen zugrunde:

- Atmung
- Gefühl
- Energie
- Intuition
- Ruhe
- Kreativität
- Bewegung

Wie schon in der Zusammenfassung der Methoden und Techniken deutlich wurde, kommen alle oben genannten Grundlagen mehr oder weniger stark in jeder Methode zum Tragen, und einige der Grundlagen sind wiederum auch Ziele. Wird zum Beispiel die Atmung bewusst eingesetzt und erlebt, vertieft und verbessert sich diese auch. Führe ich beispielsweise eine Yogaübung durch, wird sich auch die Ruhe und Konzentration verbessern.

Folgende Prinzipien liegen den Methoden zugrunde:

- Liebe
- Authentizität
- Wertschätzung
- Verantwortung
- Achtsamkeit
- Vertrauen
- Präsenz
- Individualität
- Wahrnehmung
- Stille

Es ist einfacher, erfolgreich gemeinsam auszuspannen, wenn in der Gruppe oder Klasse eine Atmosphäre herrscht, in der diese Prinzipien lebendig sind. Abgesehen davon sollte natürlich jeder Unterricht in einem Klima stattfinden, in dem Vertrauen und ein liebevoller Umgang miteinander selbstverständlich sind und jeder wertgeschätzt und geachtet wird. Wenn jeder versucht, authentisch zu sein und für sich und andere Verantwortung zu übernehmen, wird sich der Umgang mit den jeweils anderen (Schülern und Lehrern) verändern.

Wie eine Blume Wurzeln und Sonne braucht, um zur Blüte zu kommen, so stehen auch Grundlagen, Prinzipien und Ziele der Entspannung in einem fruchtbaren Verhältnis zueinander:

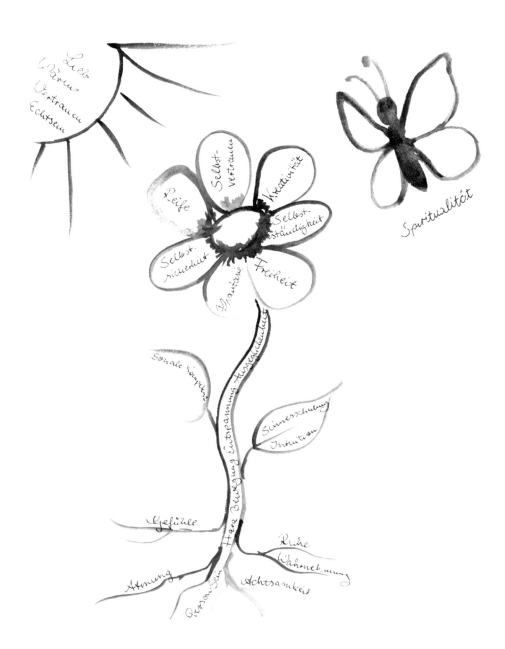

Liebe
Wärme
Vertrauen
Echtsein

Spiritualität

Reife
Selbst-
Vertrauen
Kreativität
Selbst-
ständigkeit
Selbst-
sicherheit
Phantasie
Freiheit

Soziale Kompetenz
Entspannung
Ausgeglichenheit
Sinnesschulung
Intuition

Gefühle

Bewegung
Ruhe
Wahrnehmung

Atmung
Person-Sein
Achtsamkeit

24

Entspannungsmethoden für Kinder

„Es ist nicht notwendig, intensiv
zu üben, es genügt,
einfach mit Menschen zusammen
zu sein, die glücklich jeden
Augenblick des Tages genießen."

Thich Nhat Hanh

▌Notwendigkeiten

Bevor ich etwas Zusätzliches in meine Arbeit mit Kindern integriere, frage ich mich, brauche ich das wirklich noch? Ist das tatsächlich notwendig?

Angesichts der immer gestörteren Wahrnehmung unserer Kinder, der zunehmenden Konzentrationsschwächen, der Defizite im Sozialverhalten, des gestörten Körper- und Selbstbewusstseins bin ich der Meinung: Ja, es muss in unseren Schulen und Einrichtungen noch etwas anderes geben, eine zusätzliche Komponente, die es Kindern und Jugendlichen mit diesen Störungsbildern wieder ermöglicht, sich selbst und ihre Umwelt zu erfahren und zu spüren. Die Reizüberflutung durch die heutige Medienwelt bei gleichzeitiger Verarmung der Kreativität der Kinder aufgrund des Verlusts an wirklichen Erlebnissen und Erfahrungen bewirken eine immer stärker werdende Unsensibilität. Viele Kinder spüren sich und ihre Gefühle nicht mehr, sie sind unfähig, sich zu entspannen und finden bei allem, was an Eindrücken über sie hereinbricht, kaum Möglichkeiten, sich selbst zum Ausdruck zu bringen.

Diese sozial-gesellschaftliche Situation erfordert eine neue Orientierung an den wirklichen Bedürfnissen der Kinder, nicht nur um Lebensfreude und Schulerfolg zu erreichen bzw. zu erhalten, sondern vor allem, um mit den Kindern eine Grundlage für eine gesunde Lebensbewältigung zu schaffen.

„Alles, was wir für uns selbst tun,
tun wir auch für andere,
und alles, was wir für andere tun,
tun wir auch für uns selbst."

Thich Nhat Hanh

▌Voraussetzungen und Vorbereitungen

Die ideale Vorbereitung auf den „Einsatz" von Entspannungsübungen ist, wie erwähnt, die eigene Auseinandersetzung damit. Dazu gehört das Kennen lernen und Ausprobieren geeigneter Methoden und Techniken ebenso wie die Schulung der Selbstwahrnehmung durch Atem-, Meditations- und Körperübungen. Mit dieser Vorbereitung und dem Vertrauen in die eigene Intuition gelingt es dann leichter, den Unterricht zu planen. Ein besonderes Augenmerk sollten Sie auf die Auswahl und Vorbereitung des Raumes legen, in dem die Übungen mit den Kindern durchgeführt werden sollen. Am günstigsten ist natürlich ein möglichst reizfreier, unmöbilierter Raum, in dem nichts ablenkt oder stört. Leider hat noch nicht jede Einrichtung einen Meditationsraum oder einen Rhythmikraum. Sollte das eigene Zimmer zu nutzen sein, bietet es sich an, alle Stühle und Bänke an die Seite zu schieben und einen möglichst großen Freiraum zu schaffen. Es muss aber mindestens so viel Platz vorhanden sein, dass jedes Kind bequem liegen und sich bewegen kann, ohne andere zu stören. Bei einigen praktischen Beispielen ist der ideale Raum die freie Natur, z. B. ein Schulgarten, eine Wiese oder ein nahe liegender Park.

Bei der Vorbereitung des Raumes geht es in erster Linie darum, eine besondere Atmosphäre zu schaffen. Dies geschieht durch die Gestaltung der Mitte.

Die gestaltete Mitte ermöglicht es den Kindern, sich selbst auf ihre innere Mitte einzulassen bzw. dieser näher zu kommen. Die Mitte des Raumes und des Sitzkreises bietet „von außen" die Begegnung mit der Mitte an, die das Kind auf der Suche nach seiner inneren Mitte schließlich auch in sich spüren kann.

Die bewusste, achtsame Gestaltung der Mitte, die in den ersten Einheiten vom Lehrer, später sicher auch gemeinsam mit den Schülern vorgenommen wird, bereitet auf die bewusste, achtsame Wahrnehmung und Begegnung mit der eigenen Mitte vor.

Außerdem bietet die regelmäßige Gestaltung der Mitte die Möglichkeit, gezielt auf die Thematik des jeweiligen Tages einzustimmen. Mit der Zeit werden die Kinder immer bewusster die Wahl und Bedeutung der verwendeten Farben und Symbole wahrnehmen und verstehen. Nicht zuletzt ist die besondere Gestaltung auch ein Bei-

trag zur ästhetischen Erziehung, der weit über eine nur sinnliche Wahrnehmung „schöner Dinge" hinausgeht.

Ebenso kann die Verwendung von Kerzen und Düften die besondere Atmosphäre von Raum und Unterricht noch betonen.

„Es ist nie zu spät, eine schöne Kindheit zu haben."

Tom Robbins

▌ Die praktischen Beispiele

Fast alle Beispiele in diesem Buch wurden gemeinsam mit Kindern durchgeführt bzw. ausprobiert. Die Einheiten entstanden an einer Schule zur individuellen Sprachförderung. An den meisten Gestaltungen war eine feste Gruppe von sechs 8-jährigen Kindern (2. Jgst., zwei Mädchen, vier Jungen) wöchentlich im zweistündigen Nachmittags-Förderunterricht beteiligt. Bei einigen Beispielen waren 15 Kinder anwesend. An einem Nachmittag hospitierte sogar eine Schülermutter, die gespannt und interessiert zuschaute, weil ihre Tochter zu Hause so begeistert von der „Beruhigungsstunde" geschwärmt hatte. Zwei anderen Einheiten wohnte je eine Erzieherinnenpraktikantin bei. Beide zeigten sich sehr überrascht, mit welcher Ruhe und Selbstverständlichkeit die Kinder an allen Übungen teilnahmen. Sie waren erstaunt, „was in diesem Alter mit Kindern schon alles möglich ist".

Wichtig für die Durchführung aller Beispiele ist, dass für jedes Kind immer eine eigene Decke vorhanden ist. Bequeme Kleidung sollte sowieso für die Kinder selbstverständlich sein. Alle Einheiten finden am Boden statt. Das themenbezogene Material zu den Praxisbeispielen wird jeweils extra angeführt. Alle Einheiten sind so gestaltet, dass die Möglichkeit besteht, je nach Zeit und Ziel einzelne Teile wegzulassen bzw. unterschiedlich zu kombinieren. Bezüglich der Reihenfolge innerhalb einer Einheit ist es ratsam, diese so zu übernehmen, wie sie ist. Die Beispiele dagegen bauen nicht aufeinander auf und können in beliebiger Reihenfolge ausgewählt werden.

Auf Zeitangaben wurde bewusst verzichtet, da sich der Zeitaufwand nach den aktuellen Bedürfnisse und der Ausdauer der Kinder richtet.

Aufbau der Praxisbeispiele:

- Thema
- Überblick
- Symbolleiste für eingesetzte Methoden
- Symbolleiste für Prinzipien und Grundlagen
- Vorbereitung
- Erklärung und Ziele
- Ablauf
- Benötigte Texte und Anleitungen

	Unterrichtsfach							Didaktischer Ort			Sozialformen		
	Deutsch	Musik	Sachunterricht	Religion/Ethik	Sport	Kunst	Förderunterricht	Unterrichtsbeginn	Wochenbeginn	Abschluss	Einzelarbeit	Partnerarbeit	Gruppenarbeit
Im Klanggarten		X	X	X			X	X	X	X	X	X	X
Ich schenke dir einen Ton		X	X	X			X	X	X	X	X	X	X
Mein Hara			X	X	X		X	X	X	X	X	X	X
Ich gebe dir Kraft und Ruhe			X	X	X		X	X	X	X		X	X
Vom Himmel zur Erde und Ruhe	X						X	X	X	X	X		
Mit Hand und Fuß		X	X	X	X		X	X	X	X	X	X	X
Mandala		X	X	X		X	X	X	X	X		X	X
Unter Wasser	X	X	X		X		X	X	X	X	X		
Ginkgo-Garten – die zwei Seiten des Lebens			X	X	X	X	X	X	X	X	X		
Energieübungen für zwischendurch	X	X	X	X	X	X	X	X	X	X	X	X	X
Ich entspanne mit dir		X	X	X	X		X		X			X	X

Praxisbeispiele

Bevor Sie anhand der praktischen Beispiele mit den Entspannungsübungen starten, noch einige Informationen: Vor jedem Beispiel gibt es zwei Symbolleisten. Die erste informiert Sie über die verwendeten Methoden, die zweite gibt Aufschluss über die Prinzipien und Grundlagen, die der Einheit zugrunde liegen.

Die Symbolleiste „Methoden" umfasst:

| Yoga | meditativer Tanz | autogenes Training | Mudras | Klangmassage | Meditation | Fantasiereise |

Die Symbolleiste „Grundlagen" umfasst:

| Atmung | Ruhe | Kreativität | Bewegung | Gefühl | Entspannung | Wahrnehmung |

Im Klanggarten

Sozialform: Gruppenarbeit, Partnerübung

Einsatzbereich: Wahrnehmung, Ruhe

Übungsschwerpunkte: Achtsamkeit, Fühlen

Material: Aromalampe, ätherische Öle (Latschenkiefer, Lavendel), grüne Seidentücher, passende Kerzen, tibetische Klangschalen, Cymbeln

Klangmassage   Meditation   Mudras

Atmung   Ruhe   Kreativität   Entspannung   Gefühl   Wahrnehmung

„Klangmassage ist ein gutes Kommunikationsmittel für Menschen, die nicht über ihre Gefühle reden können."

Petra Zurek

▌ Vorbereitung

Verschiedene grüne (Seiden-) Tücher bilden die Mitte. Darauf stehen Kerzen oder Teelichter, die farblich dazu passen. Auf Tüchern oder Kissen stehen verschiedene Klangschalen und Cymbeln.

Die Aromalampe kann an einer anderen Stelle im Raum stehen.

▌ Erklärung und Ziele

In dieser Unterrichtseinheit sollen die Kinder tibetische Klangschalen und Cymbeln kennen lernen und erfahren, was sie mit diesen alles anfangen können. Die Klangmassage und die Klangmassagenmeditation erfolgt nach Peter Hess (siehe Literatur).

Beides ist als erster Einstieg in die Arbeit mit Klangschalen zu verstehen. Wichtig sind der achtsame Umgang mit den Schalen und die Freude an ihrem Klang.

In der vom Leiter durchgeführten Klangmeditation, die die Kinder im Liegen und wenn möglich mit geschlossenen Augen erleben, erfahren sie Entspannung und kommen durch die Klänge zu innerer Ruhe. Sie werden bereit für Neues und neugierig auf den Umgang mit den Klangschalen. Beim Ausprobieren der Klangschalen nehmen die Kinder Töne, Klänge und Schwingungen wahr, erfahren Unterschiede in Tonhöhe, Dauer und Lautstärke und lernen, diese durch differenziertes Anschlagen mit dem Filzschlägel, der Fingerkuppe oder dem Fingerknöchel zu variieren. Dabei kommt es nicht darauf an, die Unterschiede benennen zu können, sondern eher die Unterschiede wahrzunehmen und deren verschiedene Wirkungen „am eigenen" Leib zu spüren.

In der gegenseitigen Klangmassage erleben die Kinder Partnerarbeit auf ganz neue Weise. Hier geht es um Fühlen, Spüren und Genießen. Und alles ist sowohl im „Geben" als auch im „Nehmen" zu erleben. Der behutsame Einsatz der Klangschale fördert den behutsamen Umgang mit dem Gegenüber und schärft somit auch die soziale Wahrnehmung. Wer sich achtsam und ganz auf die Situation und den Anderen einstellt, erlebt auch den aktiven Part der Klangmassage als wohltuend.

In der abschließenden Klangmassagenmeditation können die Kinder die erworbenen Erfahrungen nachwirken lassen und weiter vertiefen.

Ziel ist es, dass die Kinder
- Klänge wahrnehmen und als entspannend erleben,
- die eigene Stimme als Klanginstrument erleben und kreativ einsetzen,
- mit Klängen Gefühle zum Ausdruck bringen.

▌ Ablauf

Klangmeditation

Gestalten Sie die Mitte eines Sitzkreises mit Tüchern und Klangschalen und lassen Sie die Kinder sich spontan dazu äußern. Laden Sie sie ein, sich auf den Klang der Schalen einzulassen.

Die Kinder legen sich sternförmig auf die Decken rund um die Mitte auf den Rücken und schließen die Augen. Schlagen Sie verschiedene Klangschalen an und sprechen Sie einen Meditationstext dazu (Text 1).

In einem Kreisgespräch äußern die Kinder sich anschließend über ihre Gefühle.

Klänge hören

Ermutigen Sie die Kinder, die Klangschalen selbst auszuprobieren. Eine Klangschale wird im Kreis weitergegeben. Jeder kann die Klangschalen anschlagen und versuchen, immer neue Klänge, leiser und lauter, schneller und langsamer zu erzeugen.

Alle Kinder probieren Schlägel, Fingerkuppe und Fingerknöchel zum Anschlagen aus und berichten über ihre Erfahrungen.

Mit Klängen spielen

Lassen Sie die Kinder nun mit mehreren Klangschalen gleichzeitig spielen.

Ziel ist es, gut aufeinander zu hören und zu achten, so dass man sich sogar mit den Klangschalen unterhalten kann: fragen und antworten. Die Kinder versuchen nun ein „Gespräch" mit den Klangschalen und geben ihre Erfahrungen und Eindrücke wieder.

Klangmassage

Wählen Sie ein Kind als Vorführpartner aus, stellen Sie behutsam eine Klangschale auf den unteren Rücken des Kindes und

schlagen diese leise in gleichmäßigen Abständen an.

Jetzt sollen sich die Kinder einen Partner wählen und die Klangmassage mindestens 10 Minuten lang gegenseitig ausprobieren.

Danach erzählen die Kinder im Sitzkreis, was sie als Empfangende gespürt haben und wie es ihnen als Gebende erging.

Klangmassagenmeditation

Fassen Sie zusammen: „Du hast erlebt, was du spürst, wenn die Klangschale auf deinem Rücken steht. Du kannst die Schwingungen der Schalen vielleicht sogar an vielen Körperteilen spüren, obwohl die Schalen nicht direkt auf dir stehen."

Schlagen Sie dazu verschiedene Klangschalen an und sprechen Sie dazu den Text 2.

Im Sitzkreis tauschen sich dann alle über ihre Erfahrungen aus und berichten, was ihnen besonders gut gefallen hat.

Text 1: Klangmassage
(langsam und mit Pausen sprechen)

Lege dich bequem auf den Rücken... deine Beine sind ausgestreckt... deine Arme liegen neben deinem Körper... schließe deine Augen... stell dir vor, du liegst auf einer Wiese... die Sonne scheint über dir... du spürst die Sonne auf deinem Körper...

Du spürst die Sonne auf deinem rechten Arm... die Sonnenstrahlen breiten sich in deinem Arm aus... dein Arm wird warm, ganz warm... und die Sonnenstrahlen wärmen deine Hand... deine Hand wird warm, ganz warm... dein rechter Arm und deine rechte Hand sind nun warm, ganz warm… du bist immer mehr entspannt…

Die Sonne wärmt auch deinen linken Arm… dein linker Arm wird warm, ganz warm… und die Sonne breitet sich weiter aus… und deine linke Hand wird warm, ganz warm… dein linker Arm und deine linke Hand sind jetzt warm, ganz warm… du bist immer mehr entspannt…

Die Sonne wärmt deinen ganzen Körper… und du wirst warm, ganz warm… und spürst die Sonne auch auf deinem rechten Bein… und dein Bein wird warm, ganz warm… und die Wärme breitet sich weiter aus… und auch dein Fuß wird warm, ganz warm… du bist immer mehr entspannt… und du spürst die Wärme der Sonne auf deinem linken Bein… und dein linkes Bein wird warm, ganz warm… und die Wärme breitet sich aus… und auch dein linker Fuß wird warm, ganz warm… du bist jetzt ganz entspannt…

Du stellst dir vor, dein Weg führt dich über die Wiese, auf der du gelegen hast… du läufst auf deinem Weg und kommst zu einem Garten… du betrittst den Garten… und gehst zwischen den Bäumen umher und plötzlich hörst du etwas… du hörst verschiedene Töne und Klänge… KLANG, KLANG, KLANG… (Der Leiter schlägt mehrmals verschiedene Klangschalen leise an, während er weiterspricht).

Es sind hohe und tiefe Klänge… laute und leise… nah und fern… du kannst die Klänge hören… und spüren… du lässt die Klänge wirken… auf deinen Körper wirken… ein Klang gefällt dir besonders gut… du hörst ihn dir an… und beschließt ihn mitzunehmen… nimm den Klang mit in dein Herz… und komme langsam wieder zurück durch den Garten… über den Weg… durch die Wiese… hierher in unser Zimmer… atme tief ein und aus… ein und aus… ein und aus… öffne die Augen und setze dich wieder in den Kreis.

Text 2: Klangmassagenmeditation
(langsam und mit Pausen sprechen)
Ich nehme die Schale und stelle sie auf deinen rechten Fuß… und schlage sie an… KLANG, KLANG, KLANG (ca. 6- bis 7-mal) und stelle sie nun auf deinen linken Fuß… und schlage sie an KLANG, KLANG, KLANG…

Nun lege ich die große Klangschale auf deinen unteren Rücken und schlage sie an… KLANG, KLANG, KLANG… ich schiebe die Schale etwas nach unten und schlage sie wieder an… KLANG, KLANG, KLANG…

Nun stelle ich eine zweite Klangschale auf deinen oberen Rücken und schlage abwechselnd beide an… KLING KLANG, KLING KLANG, KLING KLANG…

Nun stelle ich die zweite Klangschale auf deine linke Schulter… KLING, KLING, KLING… und stelle sie auf die rechte Schulter… KLING, KLING, KLING…

Nun nehme ich beide Klangschalen von deinem Körper…

Ich schenke dir einen Ton

Sozialform: Partnerarbeit, Gruppenarbeit

Einsatzbereich: Kooperation, Gemeinschaftserlebnis, Wahrnehmung

Übungschwerpunkte: Behutsamkeit, Experimentieren, Kreativität

Material: Seidentücher und Kerzen in passender Farbe, Edelsteine oder andere Dekoration, Klangschalen, Schlägel, Cymbeln

Klangmassage *Fantasie-Reise*

Ruhe *Kreativität* *Entspannung* *Gefühl* *Wahrnehmung*

„Der Ton der Klangschale bringt die Seele zum Schwingen. Der Klang löst Spannungen, mobilisiert die Selbstheilungskräfte und setzt schöpferische Energien frei."

Peter Hess

▌ Vorbereitung

Auf Seidentüchern stehen die bereitgestellten Klangschalen mit den passenden Schlägeln. Dekoriert wird außerdem mit einer passenden Kerze, eventuell mit Blumen und/oder Edelsteinen.

▌ Erklärung und Ziele

Die Kinder sollen tibetische Klangschalen kennen lernen und erfahren, wie wohltuend und entspannend Klänge wirken können. Mithilfe einfacher Übungen experimentieren die Kinder allein oder gemeinsam mit den Klangschalen. Eine Rückenmassage durch die Klangschalen und eine Klanghülle werden erlernt. Schwerpunkt ist der achtsame Umgang mit sich, dem Anderen und den Klangschalen.

Beim Experimentieren mit den Klangschalen können die Kinder bereits erworbene Erfahrungen vertiefen oder Neues ausprobieren. Dabei lernen sie, im gemeinsamen Spiel kreativ auf nonverbale Weise mit den anderen Kontakt aufzunehmen.

In der gegenseitigen Klangmassage erleben die Kinder, die die aktive Rolle einnehmen, viel Ruhe und stärken dadurch ihre Achtsamkeit. Der behutsame Umgang mit den Klangschalen und vor allem mit dem Partner, das konzentrierte Achten auf seine Reaktionen, unterstützen die Entwicklung der sozialen Kompetenz. Das empfangende Kind erfährt eine tiefe Entspannung durch den Klang der Schalen, vor allem aber auch durch die tief wirkenden Schwingungen, die durch den ganzen Körper gehen. Auch diese scheinbar passive Rolle birgt eine soziale Komponente: sich hingeben, annehmen lernen und Vertrauen schenken sind dabei wichtige Erfahrungen.

Die Klangpyramide oder -hülle kann nur in Zusammenarbeit mehrerer Kinder entstehen und erlebt werden. Dieses Gruppenerlebnis eröffnet die Möglichkeit, aufeinander zu hören, sich ganz aufeinander abzustimmen und gemeinsam die „Klangwolke" zu genießen. Aus der Erfahrung, gemeinsam etwas schaffen zu können, was alleine nicht möglich gewesen wäre, erwächst Zusammengehörigkeitsgefühl und vielleicht auch der Wunsch, öfter etwas gemeinsam zu versuchen.

Einen Ton oder Klang zu verschenken, ist für manche Kinder sicher eine ganz neue Erfahrung. Sie erleben, welch dichte Atmosphäre entsteht, wenn die Klangschale im Kreis an den Nächsten weitergegeben wird, nachdem der Blickkontakt aufgenommen und solange gehalten werden konnte, wie der Klang zu hören war. Das fördert nicht nur die Geduld, sondern auch die Sensibilität der Kinder, ihre Wahrnehmung und ihre Kontaktfähigkeit.

Ziel ist es, dass die Kinder
- den Klang der Klangschalen als wohltuend und entspannend erleben,
- die Klangschalen behutsam und situationsgemäß anschlagen lernen,
- die Klangschalen behutsam auf dem Rücken des Partners aufstellen,
- Klänge ausklingen lassen,
- über den Klang mit anderen Kontakt aufnehmen,
- Blickkontakt beim Klangverschenken halten lernen,
- aufeinander achten und gemeinsam eine Klanghülle gestalten.

▌ Ablauf

Die Kinder äußern sich spontan zum vorbereiteten Sitzkreis, geben den Wunsch wieder, die Klangschalen auszuprobieren. Fordern Sie die Kinder auf, mit den Klängen zu experimentieren.

Mit Klängen experimentieren

Sie können alleine oder mit einem Partner ausprobieren, wie die Schalen klingen, welche Töne man erzeugen kann, und auch versuchen, mit verschiedenen Schlägeln die Schalen anzuschlagen. Welche Unterschiede stellen sie fest?

Achten Sie darauf, dass immer nur einer bzw. ein Paar die Schalen ausprobiert. Die anderen hören und achten auf die unterschiedlichen Klänge.

Fordern Sie die Kinder dann auf, sich zum Gehörten, aber auch zu ihren Gefühlen und Stimmungen zu äußern.

Klangmassage

Bei einer Klangmassage kann man die Wirkung der Klänge besonders gut spüren. Demonstrieren Sie dies mithilfe eines Versuchspaares. Ein Kind legt sich auf den Bauch. Die Arme und Beine liegen locker und entspannt. Die Augen sind geschlossen. Ein anderes Kind setzt sich neben den Rücken des Liegenden.

Erklären Sie: „Du nimmst zuerst mit deiner flachen Hand Kontakt mit der Mulde (Übergang vom Rücken zum Gesäß) am Rücken deines Partners auf. Nun stellst du vorsichtig eine Klangschale auf die Stelle, die du gerade berührt hast. In gleichmäßigen Abständen schlägst du die Klangschale an. Lass den Ton immer fast ausklingen, bevor du wieder anschlägst. Wiederhole dies ca. 6–8-mal.

Lass dann den Ton ausklingen. Danach wechselt ihr – ohne dabei zu sprechen."

Die Kinder führen die Klangmassage durch, wechseln, tauschen sich im Sitzkreis aus und geben Erfahrungen wieder.

Schlagen Sie nun vor, diese einfache Form der Klangmassage auch auf dem Bauch auszuprobieren. Dazu legt sich der eine Partner auf den Rücken, lässt Arme und Beine locker und schließt wieder die Augen. Der andere nimmt mit der Hand zuerst ganz behutsam Kontakt mit dem Bauch des Liegenden auf.

Dann stellt er vorsichtig eine Klangschale auf seinen Bauch und wiederholt die Klangmassage vom Rücken.

Die Kinder führen die Klangmassage durch, wechseln und sprechen dann über ihre Gefühle.

Klanghülle

Besonders intensiv lassen sich die Klänge spüren, wenn man in einer Klanghülle sitzt. Dazu bilden je vier Kinder sitzend einen Kreis, ein weiteres Kind sitzt in der Mitte. Das Kind in der Mitte schließt die Augen, hört und spürt; die anderen haben je eine Klangschale. Die Schalen werden im Uhrzeigersinn nacheinander einmal angeschlagen. Es gibt mehrere Runden. Am Ende schlägt ein Kind so zart wie möglich (3–4-mal) Fingercymbeln über dem Kopf des in der Mitte sitzenden Kindes an. Danach wechseln die Kinder durch, so dass jeder einmal in der Mitte sitzen kann.

Im Anschluss daran tauschen sich die Schüler über ihre Erfahrungen aus.

Einen Ton weiterschenken

Zum Abschluss sollen die Kinder einander noch ein Geschenk machen und im Kreisspiel einen Klang weiterschenken. Jeder schenkt dabei seinem rechten Nachbarn einen Ton. Dazu schaut man ihn an, schlägt die Klangschale einmal an und nimmt gemeinsam den Klang auf.

Jeder achtet auf den Ton, bis er verklingt. Dann gibt man die Schale an seinen Nachbarn weiter, dieser schenkt seinen Ton wieder seinem rechten Partner.

Wenn alle auf die Klänge der Schale hören und auf die Stimmung zwischen den beiden Kindern achten, die einander den Klang schenken, lässt sich gemeinsam viel Interessantes spüren und erleben, vor allem, wenn niemand in dieser Zeit spricht.

Nach dem Ritual des Klangverschenkens empfehlen Sie den Kindern den Ton, den der Nachbar ihnen geschenkt hat, im Herzen aufzubewahren und mit nach Hause zu nehmen.

Mein Hara

Sozialform: Einzelübung, Partnerübung

Einsatzbereich: Ruhe, Wahrnehmung

Übungsschwerpunkte: Körperbewusstsein, Atmen

Material: nach Belieben, z.B. Buddha-Figur, Klangschale

Meditation   Mudras

Atmung   Ruhe   Kreativität   Bewegung   Entspannung   Gefühl   Wahrnehmung

„Wer die Mitte findet, sieht das Ganze."

unbekannt

▌ Vorbereitung

Da das Hara weder durch eine bestimmte Farbe noch durch ein bestimmtes Symbol repräsentiert wird, kann die Raum-Mitte nach Belieben gestaltet werden. Tücher, Blumen, Kerzen oder eine Aromalampe eignen sich fast immer. Mit einer Buddha-Figur oder einem Buddha-Bild lässt sich das „Hara" besonders gut sichtbar machen, da Buddha fast immer mit einem deutlich sichtbaren Hara dargestellt ist.

▌ Erklärung und Ziele

Das Hara ist der Körperschwerpunkt und das Energiezentrum des Menschen im unteren Bauch (rund um den Nabel). Die Konzentration auf den eigenen Bauch („Auf den Bauch hören!") ist den meisten Kindern völlig neu. Ob die Kinder bei den Übungen den Begriff „Hara" oder nur „Bauch" verwenden, sollte von ihrem Alter, Entwicklungsstand und Sprachverständnis abhängig gemacht werden. Wichtig ist, dass sie erfahren, welche Kraft aus dem Hara erwachsen kann und welchen Nutzen sie daraus für sich erhalten können („Aus dem Bauch heraus handeln!").

Die Energie im Hara zu fokussieren bringt Harmonie in Körper, Geist und Seele. Daraus resultiert eine harmonische Beziehung zur Umgebung und zu sich selbst.

Mit der Tiefenentspannung durch die Fantasiereise und das autogene Training werden die Kinder auf die kommenden Übungen vorbereitet. Der Handkontakt schafft eine erste behutsame Verbindung zu dem manchmal ganz „unbekannten" eigenen Bauch, dem Hara, und erleichtert die ersten Versuche, ins Hara zu atmen. Im Sitzen hilft das Formen von Mudras dabei, eine noch tiefere Bauchatmung zu erzielen.

Mit ihren eigenen Worten versuchen die Kinder, ihre Empfindungen und Gefühle zu beschreiben. Dabei erleben sie, dass sie diese zum Ausdruck bringen können, ohne dass ihre Worte kritisiert oder bewertet werden. Gespürtes kann vom anderen nicht nachempfunden werden und wird somit ohne weitere Bewertung akzeptiert. Manche Kinder spüren sehr viel und können diese Gefühle auch gut artikulieren, anderen fällt beides schwerer. Doch mit Rücksicht auf ihre Person werden alle Äußerungen zum Thema gehört und respektiert.

Der Katze-Hund-Zyklus aus dem Yoga fördert die Beweglichkeit der Wirbelsäule. Er entspannt die Rückenmuskulatur und stärkt die Bauchmuskulatur, intensiviert aber auch die Wahrnehmung der Körpermitte. Die verschiedenen Körperübungen mit Betonung des Hara sollen den Kindern ihren Bauch näher bringen, um so eine vertiefte Verbindung zu ihrer Energie und Intuition herstellen zu können. In der Partnerübung, bei der durch Handkontakt das Hara aktiviert wird, erfahren die Kinder, wie wichtig und gleichzeitig angenehm für beide Partner der achtsame Umgang miteinander sein kann,

und welche Wertschätzung in einer solchen Berührung zum Ausdruck kommt. Dies lässt sich auch in der abschließenden Reflexionsrunde noch einmal gut verdeutlichen. Bereit sein, über Gefühle zu sprechen, macht offen und damit auch verletzlich. Dies gilt auch für die Bereitschaft zur gegenseitigen behutsamen Berührung. Gerade in der Abschlussrunde sollte deutlich werden: Wir achten die Aussagen der anderen, ohne sie zu bewerten, und schenken uns damit gegenseitig Akzeptanz und Wertschätzung.

Ziel ist, dass die Kinder
- das Hara als Körperschwerpunkt und Energiezentrum kennen lernen,
- ihr Hara spüren,
- ins Hara atmen,
- ihr Hara durch Bewegung aktivieren,
- gemeinsam das Hara durch Berühren erleben.

▌Ablauf

Fantasiereise / Autogenes Training

Um den Bauch besser kennen zu lernen und zu spüren, welche Kraft in ihm steckt, lesen Sie die Fantasiereise vor.

Erklären Sie dazu: In verschiedenen Ländern bekommt der Bauch noch einen anderen Namen: HARA. Hara bedeutet, dass in unserem Bauch ganz viel Kraft und Klugheit steckt. Es gibt die Redewendung: „Ich mache das aus dem Bauch heraus". Das heißt: Ich überlege nicht lange, denke nicht lange nach, sondern tue, was ich spüre und was gerade gut für mich ist.

Ins Hara atmen – Mudra (Daumen – Zeigefinger)

Weisen Sie die Kinder im Sitzkreis auf Folgendes hin: „Wenn du deine Hand auf deinen Bauch legst, kannst du spüren, wie dein Atem viel tiefer wird, und dass du direkt in deinen Bauch atmen kannst. Versuche möglichst aufrecht zu sitzen, lege deine Hand auf deinen Bauch und probiere, in die Hand hinein zu atmen.

Die Kinder probieren diese Atemübung mehrfach aus und geben ihre Erfahrungen wieder.

Erklären Sie den Kindern, dass es noch besser gelingt, ins Hara zu atmen, wenn man dabei ein Mudra hält. Das Mudra besteht darin, dass man den Daumen an den Zeigefinger legt und damit einen Ring bildet. Die Kinder sollen nun die Augen schließen und die Hände, die das Mudra halten, auf den Knien ablegen.

Als Zeichen für das Ende der Meditation wird eine Klangschale angeschlagen. Zum Abschluss tauschen die Kinder ihre Erfahrungen aus.

Übungen fürs Hara

Um das Hara zu stärken und noch besser mit ihm in Kontakt zu treten, führen Sie den Katze-Hund-Zyklus aus dem Yoga vor:

Man geht dazu zunächst in den Vierfüßlerstand und kniet sich hin. Die Arme liegen durchgestreckt am Boden. Die Fingerspitzen zeigen nach vorne. Der Bauch bleibt locker. Der Kopf wird zum Kinn hin eingerollt und und mit dem Rücken wird langsam, Wirbel für Wirbel, ein Katzenbuckel gemacht. Einatmen, ausatmen und danach den Rücken wieder Wirbel für Wirbel abrollen. Zum Schluss langsam den Kopf heben, bis man wieder im Hohlkreuz ist. Die Übung ein paar Mal im eigenen Tempo wiederholen.

Partnerübungen fürs Hara (Shiatsu)

Jedes Kind sucht sich einen Partner. Demonstrieren Sie folgende Übung:

Ein Kind liegt entspannt auf dem Rücken und hat die Augen geschlossen, das andere Kind sitzt auf den Fersen dem Partner zugewandt. Das Kind im Fersensitz legt vorsichtig seine flache Hand auf den Bauch des Partners (etwa in Nabelhöhe). Dabei achtet es darauf, dass es mit der Ausatmung des liegenden Kindes seine Hand auflegt. Danach schließt auch das kniende Kind die Augen, und beide spüren, was sich im Bauch, in der Hand und/oder dazwischen „bewegt".

Dann nimmt das Kind mit dem Einatmen des Partners die Hand wieder von seinem Hara und die Partner wechseln ohne zu sprechen die Positionen und führen die Übung nochmals durch.

Zum Schluss tauschen die Kinder ihre Erfahrungen miteinander und im Sitzkreis aus. Eventuell wird die Übung mit einem anderen Partner wiederholt.

Dank

Als Abschluss der gemeinsamen Übungseinheit sollen die Kinder ihrem Partner etwas zum Dank sagen oder ihm ihren Dank auch anders mitteilen.

Sie überlegen sich dazu Möglichkeiten wie verbeugen, umarmen, Hand geben ...

Text: Fantasiereise

Leg dich auf den Rücken … die Arme liegen neben deinem Körper … die Füße fallen leicht nach außen … spüre, wo dein Körper Kontakt zum Boden hat … Schließe deine Augen … achte auf deinen Atem … lasse ihn kommen … und gehen … ohne etwas zu verändern … kommen … und gehen … (3–4-mal wiederholen) … Nun achte darauf, ob dein Atem auch deinen Bauch erreicht … lege beide Hände sanft auf deinen Bauch … und versuche in den Bauch zu atmen … du spürst, wie sich deine Bauchdecke hebt … und senkt … und hebt … und senkt … Bleib ganz bei dir und deinem Atem … spüre deinen Bauch … Nach etwa 1-2 Minuten: Nimm nun deine Hände von deinem Bauch, atme tief ein und aus, bewege deine Hände und Füße und komm in unseren Sitzkreis.

Ich gebe dir Kraft und Ruhe

Sozialform:	Partnerübung
Einsatzbereich:	Aktivierung, Auflockerung
Übungsschwerpunkte:	Achtsamkeit, Austausch
Material:	Aromalampe, ätherische Öle (z.B. Lavendel, Orange, Zimt)

Mudras

Atmung   *Ruhe*   *Entspannung*   *Gefühl*   *Wahrnehmung*

„Es ist unglaublich, wie viel Kraft die Seele dem Körper zu verleihen vermag."

Wilhelm von Humboldt

▌ Vorbereitung

Die Mitte lässt sich hier gut gemeinsam mit den Kindern nach deren Wunsch gestalten. Wie bei der Einheit „Hara" sind weder Farben noch Symbole durch die Thematik vorgegeben. Die Gestaltungselemente können so ausgewählt werden, dass sie die Atmosphäre von Ruhe und Achtsamkeit unterstützen.

▌ Erklärung und Ziele

In dieser Einheit erfahren die Kinder die große Wirkung von gegenseitiger Berührung und die Möglichkeit, sich gegenseitig durch bestimmte Berührungen Kraft, Ruhe und Entspannung zu schenken. Die besonderen Formen der Berührung stammen aus dem Zen-Shiatsu. Dort sind sie ganz einfach Möglichkeiten der Kontaktaufnahme und Elemente, um die körpereigene Energie von Blockaden zu lösen und zu aktivieren. Neben der Bedeutung von Berührung erfahren die Kinder die besondere Wirkung von gegenseitiger Achtsamkeit und Wertschätzung. In dieser Atmosphäre von Ruhe und Aufmerksamkeit erleben sie eine tiefe Form der Kommunikation und können diese dankbar genießen.

Die Entspannungsphase am Anfang dient der Vorbereitung, um zur Ruhe zu kommen, aber auch dazu, die Sinne zu schärfen, damit das Neue bewusst und achtsam aufgenommen werden kann. Wie in kaum einer anderen Unterrichtseinheit ist es hier für das „Gelingen" besonders wichtig und notwendig, dass alle Übungen in Ruhe, Stille und mit großer Achtsamkeit durchgeführt werden. Noch vor der ersten Kontaktaufnahme, die der Anfang jeder Shiatsu-Behandlung ist, lernen die Kinder darauf zu achten, dass ihr Partner gut und bequem liegt. Dies erfordert eine genaue Wahrnehmung und fördert das Bereitsein bzw. Übernehmen von Verantwortung für den anderen.

Der Handkontakt auf dem Rücken des Partners erfolgt behutsam und achtsam. Beim Handauflegen geht es nicht darum, etwas erreichen zu wollen, sondern lediglich darum, zu spüren und wahrzunehmen, ob oder was sich verändert. Die Kinder können diese scheinbar einfache und unspektakuläre Körperübung als etwas sehr Intensives erleben, nämlich als eine neue, intensive Form der Kontaktaufnahme und sogar der Kommunikation.

Das gegenseitige Geben und Nehmen dieser einfachen „Handlung" bereitet im übertragenen Sinn auch darauf vor, im Leben geben und (an)nehmen zu können.

In einer kurzen Gesprächsrunde haben die Kinder die Möglichkeit, sich gegenseitig auszutauschen. Andererseits erhält der Leiter so auch die Gelegenheit für einen Einblick darin, wie die Kinder mit den neuen Erfahrungen umgehen.

Ein noch intensiveres Einlassen auf den anderen zeigt sich in der nächsten Übung. Die dort eingesetzte „Sandwichhaltung" erleben viele Menschen als einen Ausdruck großer Geborgenheit, Wärme und Nähe. Wichtig auch hier wieder nach dem Wechsel der gegenseitige Austausch darüber, was die Kinder als „Gebende" bzw. „Empfangende" gespürt und empfunden haben.

In der bewegten Behandlung der Schultern erleben die Kinder Rhythmus und lernen, die Intensität der Berührung, das Tempo und den Rhythmus intuitiv und achtsam auf den Partner abzustimmen und angemessen zu steuern.

In der Abschlussrunde scheint es geradezu unabdinglich, sich gegenseitig den Dank, das Namaste (d.h. „Ich grüße das Göttliche in dir") auszusprechen – ein Grundbedürfnis und wichtiges Ritual jeden Zusammenlebens.

Ziel ist, dass die Kinder
- bereit werden, sich auf den anderen einzulassen,
- in der Berührung Freude empfinden können,
- Berührung als anregende Form der Kommunikation erfahren,
- die Intensität ihrer Berührung angemessen einsetzen und steuern können,
- die Ruhe und Achtsamkeit in der gegenseitigen Berührung einhalten und genießen können,
- bereit werden, auftauchende Gefühle zum Ausdruck zu bringen,
- verschiedene einfache Grundtechniken bzw. Elemente aus dem Shiatsu kennen lernen und richtig anwenden können,
- bereit und fähig werden, Dankbarkeit zu zeigen.

▌ Ablauf

Entspannung

Fragen Sie die Kinder nach Ideen, wie man einander Kraft und Ruhe schenken kann. Diese nennen Vorschläge und Beispiele. Danach lesen Sie den Entspannungstext vor.

Kontaktaufnahme in Bauchlage

Die Kinder suchen sich jeweils einen Partner für die Übung. Führen Sie diese vor und erklären Sie dabei: „Dein Partner liegt auf dem Bauch, die Hände entspannt neben dem Körper. Lege deine Handflächen aneinander und reibe sie fest, bis sie warm werden, und du zwischen den Händen deine Energie spüren kannst. Setze dich dann auf die Fersen seitlich neben deinen Partner. Achte auf seine Atmung. Vielleicht gelingt es dir sogar, im gleichen Rhythmus zu

atmen. Nun lege ganz, ganz langsam deine flache Hand auf den Rücken deines Partners und zwar, wenn dieser ausatmet. Lasse deine Hand einfach flach liegen und spüre. Du kannst auch selbst die Augen schließen. Vielleicht kannst du nach einer Weile eine Veränderung spüren. Nun nimm deine Hand mit der Einatmung deines Partners wieder vom Rücken. Diese Übung ist für beide besonders wohltuend, wenn ihr dabei nicht sprecht. Ohne miteinander zu sprechen wechselt ihr dann."

Die Kinder führen die Übung durch und wechseln nach ein paar Minuten. In einer Gesprächsrunde im Sitzkreis wird besprochen, was die Kinder gespürt haben, wie es ihnen bei der Übung ging und ob es ihnen besser gefallen hat zu geben oder zu bekommen.

Dann sucht sich jeder einen neuen Partner und Sie erklären die nächste Übung.

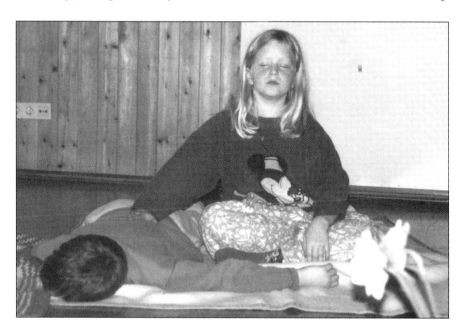

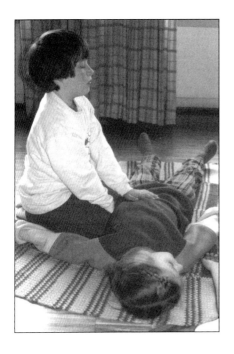

Hand auf Hara und
Niere bei Rückenlage

Einer der Partner legt sich auf den Rücken. Der andere setzt sich wieder im Fersensitz daneben, nun aber dem Partner zugewandt. Man nimmt wieder mit dem Ausatmen des Partners, mit der rechten flachen Hand behutsam Kontakt auf und legt die Hand auf den Bauch ungefähr da, wo der Bauchnabel ist. Nach einigen Momenten schiebt man die andere Hand mit der Handfläche nach oben unter die Wölbung des Rückens, so dass sich der Körper des Partners zwischen den beiden Händen befindet. Mit beiden Händen wird der Kontakt sehr behutsam gehalten. Vielleicht lässt sich nach einer Weile sogar eine Verbindung zwischen den Händen spüren.

Die Kinder führen die Übung durch und wechseln dann. Fragen Sie anschließend im Kreisgespräch nach den Gefühlen und Empfindungen der Kinder während der Übung.

Körperübung im Sitzen

Auch im Sitzen kann man einander Kraft, Ruhe und Entspannung schenken. Ein Kind setzt sich im Schneidersitz hin. Das andere Kind kniet sich dahinter und nimmt mit beiden Händen Kontakt zu den beiden Schultern seines Partners auf (Hände liegen zwischen Hals und Schultergelenk auf). Dann schiebt das kniende Kind seine Arme nach vorne, so dass es mit seinen Unterarmen auf den Schultern aufliegt. Nun werden die Arme möglichst locker abwechselnd und rhythmisch von vorne nach hinten bewegt, ohne sie abzuheben. Die Kinder führen die Übung durch und wechseln sich danach ab.

Um nun auch den Rücken des Partners zu verwöhnen, setzt man sich wieder hinter

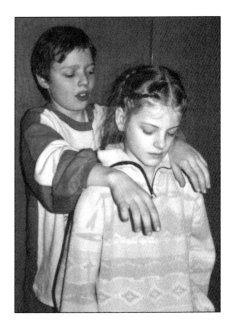

den Partner und nimmst mit beiden Händen Kontakt zu ihm auf. Man fasst den Partner bei den Händen und zieht seine Arme gestreckt zu sich nach hinten.

Dann lehnt man sich weit nach hinten zurück, so dass auch die eigenen Arme ausgestreckt sind, und „läuft" vorsichtig mit den Füßen seitlich an der Wirbelsäule des Partners auf und ab.

Austausch – Reflexion – Nachspüren

Fordern Sie die Kinder auf, ihre Erfahrungen zu erzählen und sich darüber auszutauschen, was sie Neues erlebt haben und wie es ihnen jetzt geht.

Da alle einander Kraft und Ruhe geschenkt haben, gibt es nun einen guten Grund, sich gegenseitig zu bedanken. Im Shiatsu, aus dem die Übungen stammen, bedankt man sich gegenseitig mit dem „Namaste", einer indischen Gebärde: Dazu legt man die Hände flach aneinander, hält sie vor die Brust und verneigt sich.

Text: Entspannung

Lege dich bequem auf den Rücken... deine Beine liegen locker am Boden ausgestreckt... die Füße fallen leicht nach außen auseinander... deine Arme und Hände liegen locker neben deinem Körper... die Handflächen schauen geöffnet nach oben...

Spüre den Boden unter dir... spüre, wo du Kontakt mit dem Boden hast... an deinem Kopf... deinem Rücken... deinem Po... deinen Beinen und... deinen Armen... spüre den Kontakt mit dem Boden, und wie du dich immer mehr entspannst...

Stell dir vor, du liegst auf einer Wiese... du spürst den Boden unter dir... und die

Wärme der Sonne über dir... die Sonnenstrahlen durchströmen deinen Körper... die Wärme der Sonne strömt in deinen rechten Arm... dein Oberarm wird warm, ganz warm und schwer... die Wärme strömt auch in deinen Unterarm... dein Unterarm wird warm, ganz warm und schwer... dein ganzer Arm ist jetzt warm, ganz warm und schwer... die Wärme erreicht auch deine Finger... und deine Finger sind alle warm, ganz warm und schwer...

(analog dazu linker Arm, rechtes und linkes Bein)

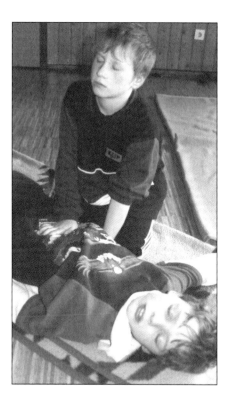

Vom Himmel zur Erde

Sozialform: Einzelarbeit

Einsatzbereich: Ruhe, Energie

Übungsschwerpunkte: Spiritualität, Intuition

Material: Aromalampe, ätherische Öle, blaue, hellblaue, braune Tücher, passende Kerzen, Bilder von Himmel, Wolken, Erde, Wiese ..., CD mit heiterer Musik

Yoga

Atmung   Ruhe   Bewegung   Entspannung   Gefühl   Wahrnehmung

„Der Mensch kann nicht auf Erden leben, wenn er nicht in Kopf oder Herz ein Stückchen Himmel hat."

Phil Bosmans

▌ Vorbereitung

Für die Veranschaulichung der Gegensätze von Himmel und Erde eignen sich Tücher in (hell-) blau und braun. Passende Kerzen ergänzen die Mitte, die für den Einstieg noch mit Postkarten oder anderen Bildern von Himmel (Himmel, Wolken ...) und Erde (Felder, Gärten, freies Land ...) vorbereitet werden kann.

▌ Erklärung und Ziele

Für diese Unterrichtseinheit wurden Körperübungen ausgewählt, die den Kindern die zentralen Kräfte von Himmel und Erde näher bringen. Auch die spirituelle Einbindung in die Ur-Gegensätze von Himmel und Erde kommt zum Tragen.

Schon durch die Gestaltung der Mitte werden die Kinder an das Thema herangeführt. Assoziationen und Neugier werden geweckt, Erfahrungen und Wissen ins Gespräch eingebracht. Die Entspannungsübung lässt die Kinder zur Ruhe kommen und bereitet sie darauf vor, ihre Verbindung zu Himmel und Erde zu spüren, die Kräfte zwischen Erde und Himmel zu erfahren.

Der Gedichttext bringt den Kindern die Verbundenheit des Baumes mit Himmel und Erde nahe und schlägt darüber hinaus die Brücke zur Energiearbeit: das sichtbare Ganze eines Körpers ist nicht sein tatsächliches Ende. Eine Einfühlungsübung kann die Kinder an die Vorstellung heranführen, ihre eigenen „Enden" zu spüren.

In der Bodenübung erleben die Kinder, dass der Boden, die Erde, sie wirklich trägt und hält. Es besteht keine Gefahr zu fallen. Die Himmelsübung dagegen vermittelt ein Gefühl von Weite und Unendlichkeit.

Mit der Masunaga-Übung holen sich die Kinder die Kraft von Himmel und Erde. (Dabei werden die beiden Hauptmeridiane „Governeur" und „Konzeptionsgefäß" angeregt.)

Die Geschichte von den beiden Mönchen bietet schließlich die Möglichkeit, sich spirituell noch intensiver mit dem Zusammenwirken von Himmel und Erde zu beschäftigen. Im gemeinsamen Gespräch lernen die Kinder, sich mit ihrer Lebenssituation auseinander zu setzen, Positives in ihrem Leben zu entdecken und bereit zu sein, einander ihre Gefühle nahe zu bringen.

Zuletzt können die Kinder im freien Tanz das Erfahrene weiter vertiefen und sich auf meditative Art noch einmal die „Energie" von Himmel und Erde „holen", um diese in ihrem eigenen Energiezentrum, dem „Hara", zu speichern.

Ziel ist es, dass die Kinder

- spüren, dass sie in die Kräfte des Universums eingebunden sind,
- offen werden für die Kräfte von Himmel und Erde,
- die Kraft der Erde, des Bodens spüren,
- die Öffnung nach oben (zum Himmel) spüren.

▌ Ablauf

Entspannungsübung

Während der Betrachtung des vorbereiteten Sitzkreises, fragen Sie die Kinder nach ihren Ideen, welches Thema wohl behandelt wird. Zur Beruhigung und Einstimmung auf das Thema Himmel und Erde sprechen Sie den Entspannungstext. Die Kinder erzählen von ihren Eindrücken und Gefühlen.

Gedicht

Fragen Sie im Sitzkreis, ob die Kinder schon ein wenig spüren können, wie es ist, zwischen Himmel und Erde zu sein und leiten Sie auf das Gedicht von einem Baum, der Himmel und Erde braucht, über.

Tragen Sie das Gedicht vor und führen Sie mit den Kindern ein Gespräch über die Notwendigkeit und Bedeutung von Himmel und Erde.

Eine Übung verdeutlicht die Kräfte von Himmel und Erde. Erklären Sie den Kindern deshalb: „Wenn du dich hinstellst, deine Arme ausbreitest und die Augen schließt, kannst du vielleicht etwas davon spüren... spüren, dass du nicht am Ende der Finger aufhörst... deine Füße weiter gehen, als du sehen kannst..."

Die Kinder probieren die Übung und sprechen darüber.

Bodenübung

Diese legen sich so, wie sie es gerne mögen, auf eine Decke. Sprechen Sie in ruhigem Ton folgende Worte: „Spüre den Boden unter dir... den Kontakt, den du mit der Erde hast... Du spürst, ich kann nicht fallen... die Erde trägt mich... Ich erlebe Halt, den Halt, den die Erde mir schenkt... Ich spüre die Kraft der Erde..."

Ein Sprichwort aus Afrika sagt: 'Leg ein Ohr an den Erdboden, dann ist das andere für den Himmel offen.' Nun löse dich von der Erde und komme zurück zu uns in den Sitzkreis."

Anschließend geben die Kinder ihre Erfahrungen wieder und tauschen sich darüber aus.

Vom Himmel zur Erde – von der Erde zum Himmel

Weisen Sie die Gruppe an, sich auf den Boden zu legen und sich dann ganz langsam aufzurichten, erst zum Sitzen, dann zum Knien und Stehen. Schließlich sollen sich die Kinder dem Himmel entgegenstrecken.

Danach wird die Bewegung in der umgekehrten Richtung ausgeführt: Begonnen wird ganz gestreckt. Dann sollen sich die Kinder immer kleiner zusammenkauern, bis sie wieder am Boden liegen.

In einer Gesprächsrunde werden die Erfahrungen ausgetauscht.

„Himmelsübungen"

Die Kinder sollen versuchen, eine Verbindung zum Himmel zu bekommen. Dazu sollen sie sich zum Himmel dehnen und strecken und auf den Unterschied zwischen den Bewegungen achten: Strecken ist eher steif und anstrengend, dehnen eher weich und genüsslich!

Geschichte von den zwei Mönchen

Tragen Sie im Sitzkreis die Geschichte von zwei Menschen vor, die wissen wollen, wo sich Himmel und Erde berühren.

Die Kinder sollen ihre Gedanken dazu äußern und gemeinsam überlegen, wo sich bei ihnen Himmel und Erde berühren.

Reflexion:
Wo fühle ich mich wohler?

Im abschließenden Gesprächskreis berichten die Kinder, ob sie eher in Richtung Himmel, zur Erde oder dazwischen tendieren. Sie können überlegen, ob vielleicht auch beides gleich wichtig und schön ist. Regen Sie ein Gespräch darüber an, was ihnen an diesen Übungen wichtig war.

Text 1: Entspannung

Lege dich auf den Rücken… deine Arme liegen locker neben deinem Körper… deine Füße fallen leicht nach außen… deine Augen sind geschlossen… du spürst, wo dein Körper auf dem Boden aufliegt… stell dir vor, du liegst auf einer Wiese… du spürst den harten Wiesenboden unter dir… Grashalme kitzeln an deinen Armen und Füßen… es wird dir immer bewusster, wie gut du auf der Erde liegst… wie sie dich trägt… und hält… du kannst dich der Erde ganz anvertrauen… und spürst die Luft um dich herum…

Du siehst den blauen Himmel über dir… der Himmel strahlt blau, himmelblau… am Himmel ziehen weiße Wolken vorüber… du spürst, wie weit… wie groß der Himmel ist… die Weite des Himmel breitet sich in dir aus… du spürst, wie du diese Weite in dir genießt… und gleichzeitig spürst du die

Kraft der Erde, die dich trägt... du spürst dich zwischen Himmel und Erde... zwischen der Weite des Himmels und der Kraft der Erde...

Nimm diese Weite und Kraft in dir auf... und atme kräftig ein... und aus... und ein... und aus... bewege Hände und Füße... und komme zu uns zurück in den Kreis.

Text 2: Gedicht

So wie der Baum nicht endet an der Spitze seiner Wurzeln oder seiner Zweige, so wie der Vogel nicht endet an seinen Federn und seinem Flug, so wie die Erde nicht endet an ihrem höchsten Berg:

So ende auch ich nicht an meinem Arm, meinem Fuß, meiner Haut, sondern greife unentwegt nach außen, hinein in allen Raum und alle Zeit mit meiner Stimme und meinen Gedanken, denn meine Seele ist das Universum.

Norman H. Russel
(Cherokee-Indianer)

(Quelle: Sterne, die singen, Rudolf und Michaela Kaiser, Kösel Verlag 1997, S. 245)

Text 3:
Geschichte von den zwei Mönchen

Es waren zwei Mönche, die lasen miteinander in einem alten Buch, am Ende der Welt gäbe es einen Ort, an dem Himmel und Erde sich angeblich berührten. Sie beschlossen, ihn zu suchen und nicht umzukehren, ehe sie ihn gefunden hätten. Sie durchwanderten die Welt, bestanden unzählige Gefahren, erlitten alle Entbehrungen, die eine Wanderung durch die Welt fordert, und alle Versuchungen, die einen Menschen von seinem Ziele abbringen können. Eine Tür sei dort, so hatten sie gelesen, man brauche nur anzuklopfen und befände sich bei Gott. Schließlich fanden sie, was sie suchten. Sie klopften an die Tür. Bebenden Herzens sahen sie, wie sie sich öffnete. Und als sie eintraten, standen sie zu Hause in ihrer Klosterzelle. Da begriffen sie: der Ort, an dem sich Himmel und Erde berühren, befindet sich an der Stelle, die Gott uns zugewiesen hat.

(Legende)

Mit Hand und Fuß

Sozialform:	Einzel- und Partnerarbeit
Einsatzbereich:	Wahrnehmung, Aktivierung
Übungsschwerpunkte:	Körperbewusstsein, Behutsamkeit
Material:	Aromalampe mit ätherischen Ölen (Zimt, Mandarine), Tücher, Bilder von Händen und Füßen, Hand- und Fußabdrücke aus Papier, Kerze. Für den Fühlpfad: Seidentücher, Steine, Kastanien, Felle, Sand, Wanne mit warmem Wasser, Massageöl. CD: Giora Feidman, The Singing Clarinet, Lied: „The Blessing Nigun"

auto. Training   meditativer Tanz

Ruhe   Kreativität   Entspannung   Gefühl   Wahrnehmung

„In guten Händen sein" –
„Mit beiden Füßen im Leben stehen"
Redensarten

▌Vorbereitung

Verschiedene Tücher in beliebigen Farben bilden den Untergrund. Zur Hinführung ans Thema eignen sich Fotos und/oder Postkarten von Händen und Füßen. Ergänzen lassen sich diese Bilder durch Hand- und Fußabdrücke (Wasserfarbdruck auf Papier) oder Umrisse von Händen und Füßen aus verschiedenfarbigem Papier. Kerzen oder Teelichter können nach Belieben dazugestellt werden.

▌Erklärung und Ziele

Mit Händen und Füßen zu leben und zu arbeiten ist für alle Kinder ganz selbstverständlich. Und trotzdem sind sich viele dieser wunderbaren Tatsache gar nicht bewusst. Die eigenen Hände und Füße kennen zu lernen kann deshalb ein richtiges „Abenteuer" werden. Dies wird noch spannender, wenn die Wahrnehmungen und Gefühle, die die Kinder mit ihren eigenen Händen und Füßen erleben, sich auf Erfahrungen mit Händen und Füßen der anderen ausweiten.

Die Entspannungsphase legt in dieser Einheit den Schwerpunkt auf die Hände und Füße, nachdem die Thematik durch die

Fotos und Dekorationen in der Mitte bereits deutlich wurde.

Die Massage der eigenen Hände und Füße schult Achtsamkeit und Wahrnehmung. Sie unterstützt die Entwicklung des Körperbewusstseins und bringt durch das Bewusstmachen der Einzigartigkeit jeder Hand und jedes Fußes eine Steigerung des Selbstwertgefühls und des Selbstbewusstseins. Sinnliche Erfahrungen bei der Massage sind ebenso das Ergebnis wie die Anregung der verschiedenen Meridiane, die in Hand und Fuß ihren Anfang oder ihr Ende haben. Eine gezielte Stimulierung ist die Behandlung des Punktes Dickdarm 4, der in der Vertiefung an der Hand zwischen Zeigefinger und Daumen liegt.

Ein kleiner Fühlpfad regt die Fußreflexzonen und Meridiane am Fuß an. Die verschiedenartigen Materialien stimulieren, reizen oder schmeicheln dem Tastsinn. Die Füße werden besser durchblutet und sensibler.

Die gegenseitige Hand- und Fußmassage vertieft die bereits gemachten Erfahrungen und erweitert sie um die sozialen Aspekte: vorsichtig und achtsam miteinander umgehen, geben und nehmen, sich aufeinander einlassen… Auch die Wahrnehmung wird um ein Weiteres gestärkt: die gleichzeitige Wahrnehmung der eigenen und der fremden Hand. Die Gefühle und Erfahrungen sind dabei möglicherweise unterschiedlich, je nachdem, ob man massiert oder massiert wird. Je nach Zeit, Möglichkeit und sozialem Gruppenverhalten kann die Fußmassage im Trockenen oder „im Nassen" erfolgen.

Im abschließenden meditativen Tanz können die Kinder noch einmal bewusst ihre Hände (im Partnerkontakt) und ihre Füße spüren.

Ziel ist, dass die Kinder
- ihre Hände und Füße bewusst wahrnehmen und kennen lernen,
- ihre Hände und Füße als Sinnes- und Tastorgane erfahren,
- behutsam mit den Händen und Füßen der anderen umgehen,
- Energie in den Händen spüren,
- Hand- und Fußmassage als entspannend erleben,
- Hände als Kontaktorgan erleben,
- Füße als Erdungsmöglichkeit erleben,
- im gemeinsamen Tanz Kraft und Zartheit von Füßen und Händen erfahren und spüren.

▌Ablauf

Entspannung:
Schwerpunkt Hände und Füße

Die Kinder liegen bei meditativer Musik in entspannter Rückenlage mit dem Kopf zur Mitte. Weisen Sie darauf hin, besonders auf die Hände und Füße zu achten. Tragen Sie dann den Entspannungstext vor.

Im Anschluss sollen die Kinder sich dazu äußern.

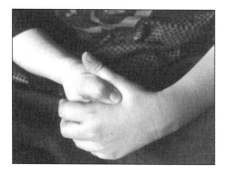

Die eigenen Hände erforschen

Die Kinder schauen sich im Sitzkreis ihre Hände an, betrachten die Hände und benennen die Finger. Sie erzählen, was sie an den Händen entdecken bzw. darüber wissen.

Fordern Sie die Kinder dann auf, eine Hand in die andere zu legen, so dass der Daumen der einen Hand in der Handfläche der anderen liegt, und den Handrücken und die einzelnen Finger zu massieren.

Dann sollen sie mit dem Daumen der einen zwischen den Daumen und den Zeigefinger der anderen Hand tasten. Dort finden sie eine kleine Kuhle, die sie mit dem Daumen fest massieren sollen (wichtiger Punkt auf dem Dickdarmmeridian Di 4).

Nach kurzer Zeit werden die Hände gewechselt und die andere Hand wird massiert. Anschließend tauschen die Schüler ihre Erfahrungen im Gesprächskreis aus.

Die eigenen Füße erforschen

Lenken Sie nun die Konzentration auf die Füße: Die Kinder sollen Socken und Strümpfe ausziehen und ihre Füße betasten, fühlen, wie sich die Haut an den verschiedenen Stellen anfühlt, wo sie harte oder weiche Stellen finden. Was kann man noch fühlen? Sie erzählen, was sie entdecken.

Bei der Erdungsübung im Stehen sollen die Füße und ihr Kontakt zum Boden gespürt werden.

Weisen Sie die Kinder folgendermaßen an: „Stell dich hüftbreit hin, bleibe in den Knien locker. Schließe die Augen und spüre in deine Füße hinein. Spüre den Kontakt deiner Füße zum Boden. Stell dir vor, deine Füße bekommen Wurzeln und diese wachsen immer tiefer in den Boden hinein, wurzeln sich immer tiefer. Du spürst, wie du immer mehr und fester in der Erde wurzelst. Nichts kann dich umwerfen. Genieße den festen Stand mit deinen Füßen. Löse dich nun so, wie es dir gut tut, wieder vom Boden und komme in den Sitzkreis."

Geben Sie gemeinsam mit den Kindern Ihre Erfahrungen bei dieser Übung wieder.

Erläutern Sie dann, dass man an den Füßen eigentlich sehr empfindlich ist. Eine Übung zum Spüren und gleichzeitig auch zum Anregen der Füße ist der kleine Fühlpfad. Die Kinder dürfen dabei barfuß über die verschiedenen Materialien laufen.

Im Anschluss daran sollen sie sich dazu äußern, was ihnen gut gefallen hat, was eher schwierig oder vielleicht sogar unangenehm für sie war.

Die Hände des Partners massieren und auf eigene Empfindungen achten

Eine gute Erweiterung der Übungen ist die Partnermassage. Beim Massieren sollen die Kinder darauf achten, wie sich die Hand ihres Partners anfühlt, wie sich die eigene Hand anfühlt, und was sie dabei spüren und empfinden.

Die Partner massieren sich gegenseitig die Hände, wechseln und tauschen sich anschließend im Gesprächskreis darüber aus.

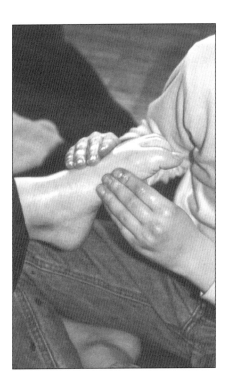

Gegenseitig die Füße massieren (im Wasser)

Besonders angenehm ist es auch, sich gegenseitig die Füße zu massieren, und zwar entweder in trockenem Zustand oder aber in einer kleinen Wanne mit Wasser und Badeölzusatz.

Beim Tanz Handkontakt und Füße spüren

Zum Abschluss wird bei einem gemeinsamen Kreistanz besonders auf Hände und Füße geachtet. Erklären Sie langsam die Schritte, während Sie dabei mit den Kindern tanzen.

Text: Entspannung

Leg dich bequem auf den Rücken ... deine Beine liegen locker auf dem Boden ... deine Füße fallen leicht auseinander ... auch deine Arme und Hände liegen locker neben deinem Körper ... die Handflächen zeigen nach oben ...

Schließe deine Augen ... spüre den Boden unter dir ... wo du Kontakt hast und aufliegst ... spüre den Kontakt mit dem Boden und entspanne immer mehr ...

Stell dir vor, du liegst auf einer Wiese ... und du spürst den Boden unter dir ... und die Wärme der Sonne über dir ...

Die Sonnenstrahlen durchströmen deinen Körper ... die Wärme der Sonnenstrahlen strömt in deinen rechten Arm ... dein rechter Oberarm wird warm, ganz warm ... dein rechter Oberarm ist nun warm, ganz warm ... und die Wärme strömt weiter in deinen rechten Unterarm ... und dein Unterarm wird warm, ganz warm ... dein Arm ist nun warm, ganz warm ...und die Strahlen der Sonne fließen weiter bis in deine rechte Hand … und deine rechte Hand wird warm, ganz warm … und die Wärme strömt bis in die Fingerspitzen und auch deine Finger werden warm, ganz warm …

Nun strömen die Sonnenstrahlen auch in deinen linken Arm … und dein Oberarm wird warm, ganz warm … und die Wärme der Sonne strahlt weiter bis in deinen linken Unterarm … und dein Arm wird warm … ganz warm … dein ganzer linker Arm ist nun warm, ganz warm … und die Sonnenstrahlen strömen weiter durch deinen Arm … und strömen in deine linke Hand … auch deine linke Hand wird nun warm, ganz warm … und die Wärme strömt bis in die Fingerspitzen … dein ganzer Arm ist nun bis in die Fingerspitzen warm, ganz warm …

Die Wärme der Sonne fließt deine Wirbelsäule hinunter, warm wird es den ganzen Rücken hinunter und die Wärme erreicht dein rechtes Bein … die Wärme strömt in deinen rechten Oberschenkel … dein Oberschenkel wird warm, ganz warm … und die Wärme strömt weiter in deinen Unterschenkel … und dein Unterschenkel wird warm, ganz warm … und die Wärme erreicht deinen rechten Fuß und auch dieser wird warm, ganz warm … bis in die Zehenspitzen ist dein Fuß nun warm, ganz warm … und die Wärme strömt auch in dein linkes Bein … und dein linker Oberschenkel wird warm, ganz warm … und die Wärme der Sonnenstrahlen fließt weiter und durchströmt deinen linken Unterschenkel … und auch der Unterschenkel wird warm, ganz warm … und die Wärme erreicht deinen Fuß … dein Fuß wird warm, ganz warm … bis in die Zehenspitzen ist er warm, ganz warm …

Du spürst jetzt deine Hände und Füße, sie sind warm, ganz warm … spüre deine Hände und Füße … und langsam fange an, nur die Finger und Zehen zu bewegen … und die ganzen Hände und Füße zu bewegen … und nun strecke dich, dehne dich, atme tief ein und aus … und ein und aus …

Öffne nun die Augen und komme zurück in den Sitzkreis.

Tanzbeschreibung
4/4-Takt, sehr ruhiger Tanz
Aufstellung im Kreis, Handfassung, Arme hängen locker nach unten;

4 Schritte auf der Kreisbahn nach rechts gehen, 4 x seitlich wiegen (Gesicht schaut zur Mitte); dabei sind Arme seitlich erhoben und die Handflächen berühren die der beiden Nachbarn.

Mandala

Sozialform: Einzel- und Gruppenarbeit

Einsatzbereich: Kooperation, Anregung

Übungsschwerpunkte: Intuition, gestalterischer Ausdruck

Material: Aromalampe, ätherische Öle (Weihrauch, Zeder), großes ein-farbiges Tuch, Murmeln, Stäbchen, Ringe, Steine, Zapfen, Äste, Kerze, CD „Mandala" oder andere Entspannungsmusik, Mandala zum Ausmalen, CD für Kreistanz

medit. Tanz   Meditation   Fantasiereise

Atmung   Ruhe   Kreativität   Entspannung   Gefühl   Wahrnehmung

„Das Glück ist ein Mosaik aus winzig kleinen Freuden."

Monrois

▍ Vorbereitung

Ein großes, wenn möglich rundes Tuch bildet die Mitte und den Untergrund für die spätere Gestaltung. In der Mitte kann eine Kerze stehen.

▍ Erklärung und Ziele

Mit dem Symbol des Mandalas sollen die Kinder im Erleben und Gestalten eine Ahnung von der Bedeutung der Mitte bekommen. Die Mitte ist das Zentrum des Lebens und verkörpert die Sehnsucht des Menschen, sein Inneres zu entdecken.

Der Kreis und das Mandala sind die Zeichen äußerer Mitte, die den Weg zu innerer Mitte zeigen können. Dies erfahren die Kinder über das Erspüren der eigenen Körpermitte und das Gemeinschaftserlebnis im Kreistanz.

Ein Mandala – die Zentrierung um und auf eine Mitte – hat eine starke Verbindung

zum Hara – unserer Mitte. Es ermöglicht, in der Konzentration auf die Mitte, das eigene „Zur-Mitte-Kommen", die Zentrierung und das Bewusstwerden der eigenen Mitte.

Die entspannende Fantasiereise zu Beginn der Unterrichtseinheit richtet die Aufmerksamkeit bereits auf die innere Mitte der Kinder und bereitet sie darauf vor, auch in der aktiven Rolle sich auf die eigene Mitte zu fokussieren. Zunächst geschieht dies im gemeinsamen, meditativen und intuitiven Prozess: Ohne zu sprechen gestalten die Kinder mit dem vorbereiteten Material ein gemeinsames Mandala, das der Gruppe auch gleichzeitig als äußere Mitte dient. Bei der gemeinsamen Gestaltung werden verschiedene Fähigkeiten der Kinder geschult: Intuition, Kreativität, Wahrnehmung, Achtsamkeit und die Fähigkeit aufeinander Rücksicht zu nehmen. Diese Aspekte werden in der folgenden Phase vertieft. Miteinander suchen die Kinder nach Möglichkeiten, mit ihren Körpern gemeinsam Mandalas zu legen. Dabei kann sehr deutlich werden, wie sie in ihrer Gruppe oder Klasse miteinander umgehen. Haben sie bereits

einige Erfahrungen im Bereich der Energiearbeit gemacht und ihre soziale Kompetenz entsprechend erweitert, wird das gemeinsame „Körpermandala" einen sehr behutsamen, ruhigen, fast zärtlichen Umgang miteinander zeigen. So kann es zum Beispiel geschehen, dass alle gemeinsam die Idee eines Einzelnen ausführen. Wie auch immer, es ist in jedem Fall ein sehr schönes Gemeinschaftserlebnis.

Der anschließende Kreistanz bringt noch einmal eine lebhaftere, bewegtere Form des Mandalas zu Bewusstsein: Bewegung und Rhythmus werden auf die Mitte ausgerichtet. Er ist außerdem eine wichtige Rhythmisierung nach der relativ ruhigen Stunde.

Ein Mandala zum Ausmalen am Abschluss der Stunde kann nur dann für die Kinder sinnvoll sein, wenn diese nicht bereits durch die bestehende Flut von Mandalas für alle Lebensbereiche völlig übersättigt sind.

Ziel ist es, dass die Kinder
- die Bedeutung der Mitte erfahren,
- die eigene Körpermitte erleben und spüren,
- den Kreis als besondere Form der Mitte erfahren,
- Gemeinschaft im gemeinsamen Bilden und Gestalten des Kreises erleben,
- die kreative Umsetzung des Mandalas mit dem eigenen Körper erfahren,
- Entspannung erleben,
- meditative Ruhe in der Bewegung des Kreistanzes erfahren.

▌ Ablauf

Fantasiereise
Zur Entspannung liegen alle Kinder bequem auf dem Rücken, der Kopf zeigt zur Mitte.

Tragen Sie die Fantasiereise vor. Die Kinder sollen sich im Anschluss daran dazu äußern.

Mandala legen
Die Kinder finden sich in einem Sitzkreis ein. Erklären Sie die Übung wie folgt: „Du kennst bestimmt schon verschiedene Mandalas. Ich habe heute einiges an Material mitgebracht, mit dem wir gemeinsam ein

Mandala legen wollen. Wenn uns das gelingt, ohne dabei zu sprechen, können wir das Entstehen wie eine Meditation erleben. Jeder darf der Reihe nach ein Teil in die Mitte legen, und wir beobachten gemeinsam, wie unser Mandala entsteht."

Legen und gestalten Sie dann gemeinsam mit den Kindern das Mandala.

Mandalas mit dem Körper gestalten

Fordern Sie die Kinder auf, sich im Kreis um das Mandala zu stellen. Fragen Sie, wie man das Mandala noch vergrößern könnte, indem man den eigenen Körper mit einsetzt.

Die Kinder versuchen, ihre Vorschläge umzusetzen: Sie legen sich auf den Rücken mit dem Kopf zur Mitte hin, sie setzen oder stellen sich um die Mitte und verschränken die Arme... Anschließend tauschen sie sich im Gesprächskreis darüber aus.

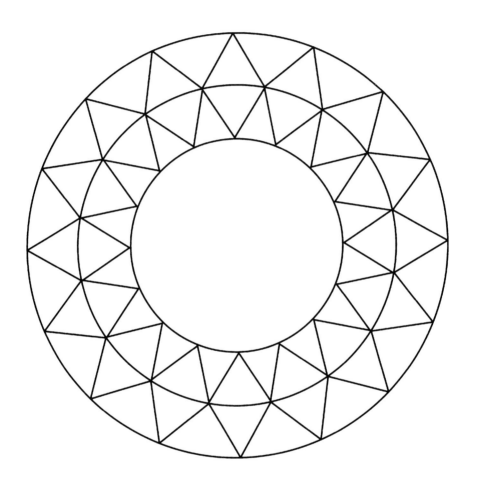

Wir tanzen ein Mandala

Erklären Sie, dass ein Mandala auch durch Bewegung entstehen kann, zum Beispiel durch einen Kreistanz, der sich zur Mitte hin orientiert.

Zeigen Sie die Schritte und Bewegungen des Kreistanzes „Omonja I" und tanzen Sie gemeinsam mit den Kindern.

Ein Mandala zum Mitnehmen

Zur Erinnerung an die Ruhe, die ein Mandala schenken kann, darf jedes Kind ein Mandala mitnehmen. Teilen Sie die Malvorlage aus. In der Mitte ist Platz zum Ausmalen, der von jedem Kind individuell gestaltet werden kann. Anschließend gestalten die Kinder in Stilarbeit ihr Mandala.

Tanzbeschreibung: „OMONJA I"

Die Kinder stellen sich im Kreis auf, fassen sich an den Händen, die rechte Handfläche zeigt nach oben, die linke Handfläche nach unten, die Arme hängen locker herab. Jede langsame, tragende Musik ist geeignet.

Takte

1-4 Mit dem rechten Fuß beginnend 8 langsame Schritte in Tanzrichtung (nach rechts), Gesicht in Tanzrichtung

5-6 Mit dem rechten Fuß beginnend 4 Schritte zur Mitte, Arme langsam nach oben heben

7-8 Mit dem rechten Fuß beginnend 4 Schritte rückwärts zurück, Arme senken sich langsam nach unten… von vorne beginnen (evtl. Richtung wechseln)

Text: Fantasiereise

Du steigst an einem Frühlingsmorgen in ein Boot, das am Wasser liegt. Mit dem Boot fährst du auf einem kleinen Fluss und beobachtest, was du alles siehst…

Bäume… sie zeigen viele frische grüne Blätter… andere Bäume tragen schon erste Blüten… du fährst weiter am dicht bewachsenen Ufer vorbei… da stehen viele Bäume, dicht an dicht… fast wie in einem Dschungel… du genießt die frische, noch etwas kühle Morgenluft… und den Duft von Blättern… Rinde… du spürst, wie es immer wärmer wird…

Der Morgen wandelt sich in den Mittag… es wird immer wärmer… das Boot fährt ans Ufer und du steigst aus… du spürst die Wärme der Sonne auf deiner Haut… du fühlst den heißen Sand unter deinen Füßen… es wird immer wärmer und heißer… dir wird warm und dich durchströmt ein großes Gefühl der Freude… du hüpfst und springst auf deinem Weg… du siehst die vielen bunten Blumen und Blüten… du genießt das Gefühl des Sommers… auf einmal spürst du, dass die brennende Hitze der Mittagssonne etwas nachlässt… es bleibt warm, und du erreichst ein Gebiet, in dem du viele Felder siehst… du siehst die gelben, reifen Getreidefelder… an einem Feldrand sitzt eine Bäuerin und bietet ihre Früchte an… leuchtend orange Karotten… gelbe und orangefarbene Kürbisse… goldgelber Mais… rotglänzende Äpfel… und gelbwangige Birnen… du darfst ein paar Früchte probieren… du schmeckst die knackige Frische der Karotten… den süßen Geschmack des Maises… den leckeren Saft der Äpfel und die klebrige Süße der Birnen… du genießt

die Üppigkeit der Früchte ... bedankst dich ...
und gehst weiter auf deinem Weg ...

Es ist Nachmittag geworden und die Umgebung verwandelt sich wieder ... die Leuchtkraft der Farben lässt nach ... du siehst viele graue Felsen ... gehst über scharfkantige Steine ... und spürst, wie feuchte Kühle vom Boden hochsteigt ...

Du gehst immer langsamer weiter ... läufst im Nebel durch eine kahle Gegend und spürst das Besondere des Herbstes ... und schließlich erreichst du wieder den kleinen Fluss ... du siehst das Dunkle des Wassers ... du ahnst, wie tief es ist ... und doch steigst du ohne Angst und Furcht in das Wasser ... du vertraust dich ganz dem Wasser an, das dich trägt ... und lässt dich mit dem Fluss treiben ...
Du fühlst dich ganz geborgen ... und spürst, dass um dich herum alles ruhig und klar wird ... wie im Winter ... es wird immer dunkler ... der Abend ist da, fast schon die Nacht ... und auf einmal ... entdeckst du den Platz, an dem du ins Boot gestiegen bist ... du schwimmst ans Ufer und ... kommst langsam auf deinen Weg zurück ... über die Wiese ... hierher in unseren Raum.

Im Wasser

Sozialform: Einzelarbeit

Einsatzbereich: Auflockerung

Übungschwerpunkte: Körpererfahrung, Atmung, Ruhe

Material: Glasschale mit Wasser, blaues Tuch, Muscheln, Kieselsteine, Seesterne, Spielzeugfische, Schwimmkerzen, CD mit Wassergeplätscher

Yoga   autog. Training

Ruhe   Bewegung   Entspannung   Wahrnehmung

„Der Mensch strebt von Natur aus nach dem Guten, wie Wasser bergab fließt."

Mengtse

▌ Vorbereitung

Blaue Tücher als Untergrund suggerieren das Wasser oder das Meer. Verdeutlicht wird dies mit einer Glasschüssel, gefüllt mit Wasser und dekoriert mit Sand, Muscheln, Glasfischen o. Ä. Auf dem Wasser können Schwimmkerzen schaukeln.

▌ Erklärung und Ziele

Für das Thema „Im Wasser" werden verschiedene Übungen aus dem Hatha-Yoga zu einer Bewegungsgeschichte zusammengestellt, geübt und in ihrer Wirkung erlebt. Die durchgeführten Yoga-Übungen haben folgende Wirkung:

Fisch/Delfin fördert die Beweglichkeit der Wirbelsäule und die Durchblutung der Beckenregion; verbessert auch die Blutzirkulation und die Arbeit des Lymphsystems; vergrößert den Brustumfang und unterstützt dadurch die Atmung

Muschel	unterstützt die fließende Atmung durch die Erweiterung des Brustraumes
Krokodil / Rutschbahn	kräftigen die Wirbelsäule, die Bauchmuskulatur, die Oberschenkel und die Fußknöchel; verbessern die Atmung und den Blutkreislauf; stabilisieren das Nervensystem
Wolke / Boot	ermöglichen eine tiefe Entspannung und fördern die Atmung; haben einen positiven Einfluss auf das vegetative Nervensystem und bringen Harmonie in das Energiesystem
Baum / Flamingo / Pflanzen	kräftigen die Arm-, Bein- und Rückenmuskeln; verbessern den Gleichgewichtssinn und die Konzentration
Felsen	bewirkt Sammlung und Konzentration; entspannt Arme und Hände sowie die Rückenmuskeln; die Organe

im Bauchraum werden zusammengepresst, dadurch massiert und in ihrer Tätigkeit angeregt.

Alle diese Yoga-Übungen lassen sich auch einzeln als Auflockerung, zur Entspannung und Kräftigung zwischendurch im Unterricht durchführen.

Die Entspannungsphase am Ende der Stunde lässt noch einmal alles Erlebte im Körper nachklingen. Das autogene Training kann hier die Erfahrung in der Bewegung vertiefen. Der Ausblick auf eine Reise in ein anderes Gebiet soll die Bereitschaft und Neugier der Kinder anregen, weitere Yoga-Erfahrungen machen zu wollen.

Ziel ist, dass die Kinder
- sich durch Entspannung in ihrer Fantasie anregen lassen,
- verschiedene Yoga-Stellungen üben und halten können,
- sich mit den Yoga-Übungen bestimmte Bilder vorstellen können,
- die gezielten Bewegungen spüren und ihre Wirkung erfahren können,
- Freude an den Bewegungsformen haben.

▌ Ablauf

Entspannungsphase

Für eine kleine Reise durch das Wasser liegen die Kinder in Rückenlage. Tragen Sie den Text der Fantasiereise vor und fragen Sie die Kinder im Anschluss, was Ihnen bei der Reise besonders gefallen hat.

Yoga-Übungen

Führen Sie folgendermaßen in die Übungen ein: „Nun wollen wir gemeinsam eine Reise über das Wasser unternehmen und mit unserem Körper darstellen, was wir alles sehen und wem wir begegnen".

Erzählen Sie die „Reisegeschichte" und beschreiben bzw. zeigen Sie die passenden Übungen dazu. Die Kinder führen die Yoga-Übungen gleichzeitig mit der Erzählung durch und nennen, was sie noch im Wasser „entdecken".

Dazu nehmen Sie nun die Beschreibung und Anleitung der Yoga-Übungen zur Hilfe und erklären: „Setz dich zunächst in dein **Boot**.

Das **Boot** fährt langsam los und schwimmt am Ufer entlang. Das Wasser ist klar und du lässt deine Hand durchs Wasser gleiten, spürst die Frische und Kühle. Im Wasser kannst du vieles entdecken:

Neben deinem Boot siehst du im kristallklaren Wasser viele **Fische**.

Und tatsächlich entdeckst du sogar einen **Delfin**.

Auf einmal siehst du nicht nur Fische, sondern auch viele andere Meerestiere: **Muscheln**.

Während du noch die verschiedenen

Muscheln betrachtest, durchwühlt plötzlich etwas das Wasser. Du erschrickst sehr und traust deinen Augen kaum. Von der Seite nähert sich ein **Krokodil**. Schnell und kräftig schlägt es mit seinem Schwanz um sich.

Doch auf einmal dreht das **Krokodil** wieder um und schwimmt gemächlich davon. Von dem Schreck willst du dich erholen. Du legst dich in das Boot und schaust den **Wolken** am blauen Himmel zu.

Langsam nähert sich das Boot wieder dem Ufer. Du steigst aus und läufst über den heißen trockenen Sand. (Eine oder zwei Runde(n) meditatives Gehen.)

Am Strand kannst du noch mehr entdecken: In Sichtweite siehst du große, graue **Felsen**.

Zwischen den **Felsen** gibt es verschiedene **Bäume**: kleine, gerade gewachsene, dicke, knorrige und andere, die du gar nicht kennst.

Am Übergang vom Strand zum Wasser entdeckst du ganz besondere **Pflanzen**. Sie bewegen ihre Zweige im Wasser.

Und nicht zu glauben, dazwischen stehen

wunderbare Tiere – stolz und rosa stehen sie auf einem Bein. Es sind **Flamingos**.

Während du den **Flamingos** noch zu-schaust, gehst du ein Stück weiter – und siehst – das gibt es doch nicht – eine **Rutsch-bahn**, die vom Strand in das Wasser führt. Nichts wie hin und gerutscht.

Vom vielen Rutschen und von den vielen neuen Eindrücken wirst du ein bisschen müde und legst dich schließlich in den war-men Sand."

Entspannung am Sandstrand

Sprechen Sie weiter: „Du spürst den war-men Sand unter dir… wie sich dein Körper in den warmen Sand kuschelt." Schließen Sie dann den Text zum autogenen Training an.

Im Anschluss an die Übungen tauschen sich die Kinder im Gesprächskreis aus: Was hat ihnen besonders gefallen? Was hat ihnen gut getan? Was würden sie gerne wieder-holen, was nicht? Warum?

Überlegen Sie gemeinsam mit den Kindern, wohin die nächste Reise gehen könnte.

Text 1: Fantasiereise

Stell dir vor... du liegst im Sand... an einem großen Meer... du hast die Augen geschlossen... du spürst die Sonnenstrahlen auf deiner Haut... du spürst die Wärme des Sandes unter dir... spürst, wie sich dein Körper in den Sand schmiegt... spürst, wo dein Körper überall Kontakt mit dem Sand hat... auf einmal merkst du, wie sich die Wellen immer mehr nähern... wie sie deine Füße umspülen... wie du immer mehr vom Wasser umspült wirst... auf einmal trägt dich das Meer mit fort... und du lässt dich vom Wasser tragen... du genießt die Frische und Kühle des Wassers... tauchst ein in die Tiefe des Meeres... und öffnest die Augen... was es da alles zu sehen gibt... du kannst nur staunen... farbenprächtige Fische... ungewöhnliche Pflanzen... du kommst aus dem Staunen gar nicht mehr heraus... und plötzlich entdeckst du etwas ganz Wunderbares... du betrachtest es genau... schwimmst etwas näher... und freust dich, es zu sehen... doch nun zieht es dich wieder an die Wasseroberfläche... du bewahrst in deinem Herzen das Bild einer wunderbaren Entdeckung... und bist erstaunt, als du wieder im Sand liegst... du bewegst dich vorsichtig... dehnst und streckst dich... öffnest die Augen und kommst wieder in den Kreis zurück.

Text 2:
Anleitung „Autogenes Training"

Und du genießt noch einmal, dass du dich im warmen Sand ausruhen kannst... du spürst den Sandboden und die Wärme unter dir... und spürst, wie du entspannst... dein rechter Arm wird warm, ganz warm... dein Oberarm wird warm, ganz warm... dein rechter Unterarm wird warm, ganz warm... du spürst die Wärme und Schwere in deinem rechten Arm... auch deine rechte Hand wird warm, ganz warm... du spürst die Wärme bis in deine Finger und Fingerspitzen... deine Finger werden warm, ganz warm... dein ganzer rechter Arm ist nun warm... du spürst, wie nun die Wärme auch in deinen linken Arm hineinfließt... dein linker Oberarm wird warm, ganz warm... der Unterarm wird warm, ganz warm... die Wärme fließt weiter in deine linke Hand und in die Finger und Fingerspitzen... deine Hand und deine Finger werden warm, ganz warm... deine Arme sind nun ganz warm... nun spürst du, wie die Wärme in dein rechtes Bein hineinfließt... dein rechter Oberschenkel wird warm, ganz warm... und du spürst die Wärme auch in deinem Unterschenkel... er wird warm, ganz warm... und auch dein Fuß wird nun warm, ganz warm... auch deine Zehen sind warm, ganz warm... dein ganzes Bein ist nun warm, ganz warm... du spürst, wie nun auch dein linkes Bein warm wird... dein linker Oberschenkel und dein linker Unterschenkel werden warm, ganz warm... dein linker Fuß wird warm, ganz warm... dein ganzes linkes Bein ist nun warm und schwer... du bist nun ganz warm und schwer... du genießt noch einen Moment die Wärme und Schwere... du fühlst dich ganz entspannt... dann dehnst und räkelst du dich ein bisschen...

öffnest die Augen und kommst wieder in den Kreis.

▌ Anleitung
zu den Yoga-Übungen

Boot Die Kinder sitzen mit ausgestreckten Beinen auf dem Boden. Nun heben sie die Beine, wobei sie sich mit gestrecktem Rücken etwas zurücklehnen, um das Gleichgewicht zu halten. Die Arme werden parallel zum Boden nach vorne gestreckt.

Fisch Die Kinder liegen auf dem Rücken und haben die Hände über der Brust gefaltet.

Delfin Die Kinder sind in der Bauchlage und falten die Hände auf dem Rücken.

Muschel Die Kinder liegen auf dem Rücken. Sie stellen die Beine auf und lassen sie in die Grätsche auseinander fallen. Dabei sind die Fußsohlen aneinander. Nun klappen die Beine auf und zu.

Krokodil Die Kinder liegen auf dem Rücken. Sie stellen die Beine auf. Die Arme liegen angewinkelt neben dem Kopf. Nun klappen die Beine zur rechten Seite, während sich der Kopf nach links wendet. Kopf und Knie kommen zur Mitte. Die Beine fallen nach links, während sich der Kopf nach rechts dreht.

Wolke Wolke 1: Kinder liegen auf dem Rücken und haben die Augen geschlossen. Die Arme liegen neben dem Körper.
Wolke 2: Die Kinder spüren, wie sie immer leichter werden, als ob sie eine Wolke würden, und „fliegen" am Himmel entlang.

Felsen Die Kinder sitzen im Fersensitz, beugen den Rücken nach vorne, legen die Stirn auf den Boden und die Arme und Hände neben den Körper.

Bäume Die Kinder stehen auf einem Bein. Das andere ist abgewinkelt und liegt mit der Fußsohle innen am Oberschenkel (nahe Schritt) auf. Die Hände liegen mit den Handflächen aufeinander und zeigen ausgestreckt über dem Kopf nach oben.

Pflanzen Im Fersensitz bewegen die Kinder die Arme nach oben gestreckt hin und her. Andere Pflanzen können auch im Stehen dargestellt werden.

Flamingos Die Kinder stehen auf einem Bein, breiten die Arme weit aus und gehen in die „Waage".

Rutschbahn Die Kinder liegen auf dem Rücken. Die Beine sind angewinkelt, so dass die Füße nahe am Po sind. Die Hände liegen nahe neben dem Körper und die Handflächen zeigen zum Boden. Mit der Einatmung heben die Kinder das Becken bzw. den Po vom Boden, mit der Ausatmung senken sie es / ihn wieder ab.

Ginkgo-Garten –
die zwei Seiten des Lebens

Sozialform:	Einzelübung
Einsatzbereich:	Wahrnehmung, Gestaltung
Übungsschwerpunkte:	kreative Erfahrung von Ganzheitlichkeit
Material:	Ginkgo-Blätter in unterschiedlichen „Reifegraden", braune Tücher, Kerzenleuchter (evtl. in Yin-Yang-Form), CD und Buch: Ginkgo-Garden (Weltbild Verlag), Tonpapier, Wasserfarben, Pinsel

Meditation

Ruhe   *Kreativität*   *Bewegung*   *Entspannung*   *Gefühl*   *Wahrnehmung*

*„Dieses Baumes Blatt, der von Osten
meinem Garten anvertraut,
gibt geheimen Sinn zu kosten, wie's
den Wissenden erbaut."*

J. W. von Goethe

▌ Vorbereitung

Auf ausgebreiteten braunen Tüchern liegen Ginkgoblätter – je nach Jahreszeit vielleicht sogar in verschiedenen Reifegraden (frische, grüne Blätter und getrocknete oder gepresste, gelbe Blätter). Ein Kerzenleuchter in Yin-Yang-Form ergänzt die Gestaltung der Mitte.

▌ Erklärung und Ziele

Die Kinder sollen sich, angeregt durch das Motiv des Ginkgoblattes, verschiedener Gegensätze bewusst werden. Im eigenen Bewegen, in einer Geschichte und im Gespräch sollen sie die Gegensätze mit allen Sinnen erfahren und diese auch in ihrer Ergänzung zum Ganzen erleben. In einer meditativen Phase können sie diesem Lebensprinzip nachspüren und anschließend ihre Erfahrungen kreativ mit verschiedenen Materialien zum Ausdruck bringen. Ein Ginkgoblatt wird ihnen in Verbindung mit einer Affirmation mit auf den Weg gegeben.

Mit Bewegung und Stimmeinsatz erleben sich die Kinder ganzheitlich. Sie erfahren durch die Darstellung der Gegensätze auch diese ganzheitlich und können spüren, welche „Seite" ihnen besser gefällt bzw. besser tut.

Über die Begegnung mit dem Ginkgo-Baum in der Fantasiegeschichte lernen die Kinder die Bedeutung der Gegensätze, z.B. Licht und Schatten, kennen und ziehen daraus die Erkenntnis, dass das Eine ohne das jeweils Andere nicht existieren kann. Am Ende der Fantasiereise entscheiden sich die Kinder intuitiv für eine Seite des Rückwegs und nehmen in einer spontanen Aussprache dazu Stellung.

Die Begegnung mit den Ginkgo-Blättern wird durch eine Wahrnehmungsübung mit anschließender Meditation vertieft. Die beiden Seiten des Ginkgo-Blattes werden mit den zwei Seiten des Lebens in Verbindung gebracht. Gemeinsam werden Beispiele gesucht und besprochen.

Angeregt durch eine Bildvorlage dürfen die Kinder dann ihr eigenes Ginkgo-Bild gestalten. Als Erinnerung an den besonderen Baum und die zwei Seiten des Lebens dürfen die Kinder je ein Ginkgo-Blatt mit nach Hause nehmen.

Ziel ist, dass die Kinder
- mit dem Körper Gegensätze wahrnehmen und erleben,
- mit allen Sinnen Gegensätze spüren/fühlen und Gefühle dann wahrnehmen,
- Licht- und Schattenseiten – Gegensätze als Ergänzung erfahren,
- sich der Bedeutung der Zweiseitigkeit im Leben bewusst werden,
- die besondere Bedeutung des Ginkgo-Baumes kennen lernen,
- mit Ginkgoblättern die beiden Seiten des Lebens gestalten.

▌ Ablauf

Gegensätze erleben

Für eine freie Bewegungsübung teilen Sie den Raum in zwei Bereiche. Die Kinder bewegen sich für einige Minuten in den beiden Bereichen immer so, wie Sie es vorgeben. Die Übung beginnt im rechten Teil des Raums. Wenn die Musik gestoppt wird, wechseln die Kinder in den anderen Teil.

Weisen Sie die Kinder an, sich nach Ihren Vorgaben zu bewegen und dabei darauf zu achten, was ihnen leicht oder schwer fällt, was sie besonders mögen, wie sie sich dabei fühlen …

Verwenden Sie folgende Vorgaben:

Schnell	–	Langsam
Laut	–	Leise
Groß	–	Klein
Fröhlich	–	Traurig
Alleine	–	Gemeinsam

Setzen Sie die Übung dann in Bezug zum vorbereiteten Sitzkreis, im Erzählkreis sollen die Kinder eine Verbindung zu den Materialien in der Mitte herstellen. Sie vermuten, assoziieren: zwei Seiten.

▌ Fantasiereise

Die Kinder legen sich nun bequem auf den Rücken, die Arme locker neben dem Körper und die Augen geschlossen. Tragen Sie die Fantasiereise vor. Im Hintergrund kann leise, meditative Musik laufen.

Danach kommen die Kinder im Erzählkreis zusammen und berichten, was sie in der Fantasiereise erlebt, gesehen, gefühlt haben.

Ginkgoblätter betrachten und kennen lernen

Zeigen Sie den Kindern die Ginkgo-Blätter und teilen Sie diese an die Kinder aus. Lesen Sie dann die Erzählung vom Ginkgo-Baum vor. Leiten Sie im Anschluss ein Gespräch mit den Kindern ein. Sie sollen die Oberfläche und den Rand der Blätter befühlen und erzählen, was sie spüren, sehen und entdecken.

Mit Ginkgoblättern meditieren

Fragen Sie die Kinder, was das Ginkgo-Blatt mit der ersten Übung zu tun hat. Was könnte das Ginkgo-Blatt erzählen?

Mit Ginkgoblättern gestalten

Zeigen Sie den Kindern Bilder aus dem Buch „Ginkgo-Garden". Die Kinder sollen sich zu den Bildern, die die Künstlerin mit Ginkgo-Blättern gestaltet hat, äußern. Weisen Sie die Kinder dann an, mit einem Ginkgo-Blatt, Klebstoff, Papier und Farben ein eigenes Bild zu gestalten.

Zum Abschluss stellen die Kinder einander ihre Bilder vor.

Affirmation auf den Weg

Den Abschluss der Übungen bildet ein Kreisgespräch. Erklären Sie den Kindern, dass sie ihr Ginkgo-Blatt mit nach Hause nehmen können und dass ihnen dieses viel Kraft und Mut in Situationen gaben kann, in denen sie sich Unterstützung wünschen. Geben Sie ihnen folgende Affirmation mit auf den Weg:

„Mein Ginkgoblatt gibt mir Kraft und Mut."

Text 1: Fantasiegeschichte

Du spürst die Wiese, auf der du liegst… du stehst auf… und gehst über die Wiese… da kommst du auf einen Weg… du gehst ein Stück auf diesem Weg… und siehst… links vom Weg liegt wieder eine Wiese… auf ihr ist es hell… und warm… die Bienen summen… und die Farben der Blumen leuchten…

Auf der rechten Seite des Weges ist ein Wald… du spürst die Kühle… und Frische der Waldbäume… du siehst, es ist dunkel… du hörst die Vögel zwitschern… du gehst einen Schritt in den Wald hinein… spürst die Kühle des Schattens… den weichen Waldboden…

Nun gehst du hinaus und läufst ein Stück auf der Wiese weiter… du spürst die Wärme der Sonne auf deinem Körper… und fühlst die Grashalme um deine Beine herum…

Nun gehst du wieder zurück auf den Weg, der zwischen Wiese und Wald verläuft… du gehst immer weiter geradeaus… und kommst an einen Garten… in dem Garten siehst du einen hohen Baum… es ist ein Ginkgobaum…

Ein starker Baum… mit wunderschönen Blättern… die Blätter sind zum Teil schon abgefallen… sie liegen goldgelb am Boden… du nimmst dir ein Blatt und betrachtest es genau… jedes Blatt hat zwei Seiten – und doch ist es ein Blatt… du suchst dir ein Ginkgoblatt aus und nimmst es als Erinnerung mit nach Hause…

Nun gehst du zuerst ein Stück auf dem Weg zurück und entscheidest dich dann, ob du im Wald oder auf der Wiese nach Hause läufst… auf diesem gewählten Weg gehst du zurück… bis hierher in den Raum.

Text 2: Erzählung vom Ginkgo-Baum

Der Ginkgobaum gehört zu den ältesten Bäumen der Welt. Schon vor 250 Millionen Jahren gab es Ginkgobäume. Dass es sie bis heute gibt, liegt daran, dass sie sehr anpassungsfähig und robust sind. In China gibt es Ginkgobäume, die sind tatsächlich schon 4000 Jahre alt.

Für den Ginkgobaum gibt es verschiedene Namen, z. B. Weltenbaum, Fächerblattbaum, Tempelbaum oder Mädchenhaarbaum. Vielleicht kannst du dir diese Namen erklären, wenn ich dir noch mehr vom Ginkgo erzähle.

Der Ginkgo ist weder ein Nadel-, noch ein Laubbaum, sondern gehört zu einer eigenen Baumfamilie.

Er hat fächerförmige, hellgrüne Blätter. Diese haben einen tiefen Einschnitt, der das Blatt in zwei Lappen teilt. Im Herbst färben sich die Blätter goldgelb.

Der Ginkgo kann bis zu 40 Meter hoch werden. Und er steht als Symbol für Hoffnung und Langlebigkeit, für Freundschaft und Unbesiegbarkeit. Denn der Ginkgobaum hat so viel Lebenskraft in sich, dass er das einzige Lebewesen ist, das 1945 die Atomexplosion in Hiroshima überlebte. Er gilt als das „Wunder von Hiroshima".

Es lebe der Schmetterling

Sozialform: Einzel- und Gruppenarbeit

Einsatzbereich: Wahrnehmung, Ruhe

Übungschwerpunkte: Bewegung, Einfühlen, Entspannung

Material: Tücher in Gelb und Rot, große Tücher oder Decken in Braun, eine Topfpflanze, Schmetterling(e) als Fingerpuppe, passende Kerze, Fotos und Bilder von Schmetterlingen, CD mit fröhlicher Musik z.B. Opus: "Live ist Life", Faltpapier und Pfeifenputzer, Muggel- oder andere Dekosteine, Dekostäbchen

Yoga   medita. Tanz   Meditation

Ruhe   Kreativität   Bewegung   Entspannung   Gefühl   Wahrnehmung

"Alle Kinder haben die märchenhafte Kraft, sich in alles zu verwandeln, was immer sie sich wünschen."

Jean Cocteau

▌ Vorbereitung

Gelbe und rote Tücher werden mit einer blühenden Topfpflanze als Mittelpunkt dekoriert. Fotokarten von Schmetterlingen ergänzen die Mitte. Eine passende Kerze wird dazugestellt.

▌ Erklärung und Ziele

Der Schmetterling steht als Symbol für das ewige Thema von Leben und Sterben, von Tod und Auferstehung, von Wandlung und Transformation. Die Kinder können die verschiedenen Entwicklungsstufen und -phasen des Schmetterlings mit ihrem Körper erleben und die damit verbundenen verschiedenen Erfahrungen als Grunderfahrungen des Lebens erahnen und erspüren.

In der Fantasiereise begegnen die Kinder nicht nur dem Bild des Schmetterlings, sondern werden auch mit dessen Entwicklungsstufen konfrontiert, indem sie sich in die

verschiedenen Entwicklungsstadien hineinversetzen sollen. Dies bewirkt zum einen
eine tiefe Entspannung zum anderen aber
auch ein tiefes, eher unbewusstes und auch
körperlich erfahrenes Verständnis dieses Ent-
wicklungsablaufes. Je nach Gruppensituation
können die Entwicklungsstufen des Schmetterlings wiederholt, erarbeitet oder vertieft
werden. Hierzu gibt es unzählige Materialien von Bilderbüchern (Lionni: „Die Raupe
Nimmersatt", ...) über Sachbücher zu Puzz-
les, die ebenfalls die verschiedenen Stadien
zeigen. In den Bewegungsübungen (als
Raupe, im Kokon, beim Entfalten und beim
Fliegen) werden sich die Kinder zum einen
in das Tier hineinversetzen können. Zum
anderen werden aber auch eigene entsprechende Gefühle entdeckt und wahrgenom-
men. Gerade hier scheint eine Reflexion
sehr wichtig zu sein, da viel von den
Kindern ins Bewusstsein gerückt wird und
dem Pädagogen oft auch eine neue, andere
Seite des Kindes deutlich werden kann.
Manchen Kindern ist das freie, unbefangene

Bewegen am wichtigsten, andere genießen
einfach die Wärme, Ruhe und Geborgenheit unter der Decke (im Kokon) und tatsächlich gibt es auch Kinder, die sich in der
Rolle der Raupe am wohlsten fühlen, "weil
ich einfach so viel essen kann wie ich mag".

Ziel ist es, dass die Kinder
- in der Fantasiereise die Lebensstatio-
  nen des Schmetterlings kennen lernen
  und erfahren
- im Kokon Ruhe, Geborgenheit und
  Geschütztsein erleben
- die Yoga-Übung "Schmetterling" aus-
  üben können
- bewusst Atem holen
- in der Entfaltung, die lebendige
  Bewegung des Schmetterlings nachempfinden
- bereit sein, eigene Erlebnisse und
  Gefühle im Gespräch wiederzugeben
- Schmetterling kreativ gestalten und
  ausgestalten können
- einen Schmetterling falten können

- den gefalteten Schmetterling als Erinnerung schätzen und mitnehmen können

nen, dass Sie gemeinsam diese Phasen miteinander genauer anschauen und nachempfinden wollen.

❚ Ablauf

Fantasiereise

Gestalten Sie die Mitte des Raumes mit den Tüchern und Schmetterlingen. Die Kinder ordnen ihre Decken sternförmig um die Mitte an, erzählen assoziativ zur gestalteten Mitte, legen sich in Rückenlage darauf und schließen die Augen.

Bei leiser Meditationsmusik beginnen der Sie mit der Vorbereitung auf die Fantasiereise.

Danach tragen sie den Text mit ruhiger Stimme langsam und mit Sprechpausen vor.

Im Gesprächskreis äußern sich anschließend die Kinder spontan, geben Gedanken und Gefühle wieder.

Entwicklungsstufen kennen lernen

Zeigen Sie den Kindern mit Hilfe eines Bilder- oder Sachbuches oder eines Entwicklungspuzzles und Fotos die Entwicklungsstufen des Schmetterlings. Erläutern Sie ih-

Wahrnehmungsübung: Wie eine Raupe kriechen

Ermuntern Sie die Kinder, sich wieder auf die Decke zu legen und den Boden unter sich zu spüren. Danach können sie langsam anfangen, sich wie eine Raupe zu bewegen und vorwärts zu kriechen.

Ermutigen Sie die Kinder, auszuprobieren, wie unterschiedlich es zu erleben ist, wenn sie sich vorstellen sie seien eine frisch geschlüpfte Raupe im Gegensatz zu einer vollgefressenen Raupe.

Die Kinder kriechen im Raum umher und probieren verschiedene Phasen aus. Anschließend geben sie im Gesprächskreis Erfahrungen und Stimmungen wieder.

Sich wie im Kokon fühlen

Erzählen Sie den Kindern, wie sich die Raupen verpuppen und einen Kokon um sich entstehen lassen. Lassen Sie dann die Kinder vermuten, wie sie die Situation im Kokon nacherleben könnten. Nutzen Sie mit den Kindern die bereit gelegten Tücher und Decken und gestalten Sie mit ihnen um sich herum Kokons.

Die Kinder probieren verschiedene Möglichkeiten aus, kauern sich eng zusammen und machen sich klein. Sie wickeln sich in gelbe und rote Tücher und dann in ihre Decke. Die Kinder spüren die Ruhe, Bewegungslosigkeit und Wärme der Tücher und äußern sich anschließend zu ihren Erfahrungen.

Danach gestalten Sie gemeinsam mit den Kindern aus den Tüchern einen Schmetterling in der Sitzkreismitte.

Atem- und Yoga-Übung zur Entfaltung

Lassen Sie die Kinder sich in die Situation des Schlüpfens aus dem Kokon einfühlen. Erzählen Sie von der Kraft, die der Schmetterling zum Schlüpfen braucht und wie dieser immer mehr seine Flügel entfaltet.

Ermutigen Sie die Kinder sich in den Schneider- oder Fersensitz zu setzen und langsam mit dem Atem die Arme, die angewinkelt am Körper angelegt waren, zu bewegen.

Führen Sie in die Yoga-Übung ein, die diese ersten Flügelbewegungen nachahmt. Die Kinder setzen sich so, dass sie die Fußsohlen aneinanderlegen können und die Füße mit den Händen umfassen.

Dann bewegen sie die angewinkelten Beine auf und ab, so als wollten sie abfliegen.

Anschließend äußern sich die Kinder zu ihrem Erlebten.

Tanzen wie ein Schmetterling

Bei fröhlicher Musik leiten Sie die Kinder an, sich frei und leicht im Raum zu bewegen und zu tanzen.

Sprechen Sie folgenden kleinen Meditationstext dazu:

…Und schließlich breitet er seine Flügel aus… der Schmetterling. Er lässt den Wind unter… seine Flügel und fliegt über das Land, er tanzt… über die Wiesen und schaukelt über den… Blumen. Er fühlt sich frei und schwerelos. …beginnt es vorzumachen und anzufangen zu …tanzen

Die Kinder tanzen und bewegen sich zur Musik.

Reflexion und Ausklang

Im Sitzkreis ermutigen Sie die Kinder, ihre Erfahrungen und Gefühle mitzuteilen und zu erzählen, in welcher Entwicklungsphase sie sich am wohlsten gefühlt haben.

Zur Erinnerung an das Erlebte basteln Sie mit den Kindern bei Meditationsmusik aus Papier und Pfeifenputzern einen farbigen Schmetterling.

Text der Fantasiegeschichte:

Stell dir vor, du liegst auf einer Wiese. …es ist warm,… ganz warm und du spürst den Boden unter dir…. Du spürst, wo dein Körper aufliegt… .

Du hörst die Bienen summen…. du riechst die Blumen und die Kräuter auf der Wiese und du schaust den Schmetterlingen zu, wie sie über der Wiese im Wind schaukeln… Langsam schläfst du ein… du siehst eine dicke Raupe durch das Gras krabbeln… sie frisst viel… und immer mehr… sie krabbelt weiter und frisst weiter…. und du spürst, wie du immer weiter krabbelst und immer mehr frisst…

Langsam wirst du immer unbeweglicher, langsamer und schwerfälliger…. du legst dich hin, bleibst liegen und wirst ganz ruhig… du spinnst dich ein, mummelst dich ganz dick und warm ein… es ist dunkel, … warm… und ganz ruhig… nichts interessiert dich mehr und du wirst immer ruhiger… bist immer mehr bei dir… im Schutz deiner Hülle… und irgendwann spürst du, dass deine Zeit gekommen ist…. du dehnst dich und streckst dich und versuchst dich langsam aus der Hülle zu befreien… plötzlich merkst du, wie es heller und immer weiter um dich wird… deine Hülle beginnt abzufallen und du streckst dich, langsam… dehnst dich und… breitest deine Flügel aus… du kannst fliegen… du flatterst im Wind… segelst über die Blumen… taumelst vor Freude und tanzt über der Wiese….

Und auf einmal spürst du wieder den Boden der Wiese unter dir… du schaust den Schmetterlingen noch eine Weile zu, verabschiedest dich von ihnen und kommst langsam wieder hierher zurück in den Raum… du dehnst und streckst dich, bewegst Arme und Hände, Beine und Füße, atmest tief durch und öffnest die Augen.

Bastelanleitung

Falte beide Papiere zieharmonikaähnlich ca. 1 cm breit, und verbinde sie mit dem Pfeifenputzer, der den Körper darstellt.

Entspannungsübungen
für zwischendurch und
zur Vorbereitung auf größere Einheiten

Sozialform:	Einzel-, Partner-, Gruppenarbeit
Einsatzbereich:	Energiegewinnung, Aktivierung, Anregung
Übungschwerpunkte:	Atmen, Körpererfahrung
Material:	je nach Belieben und Übung

Yoga   medit. Tanz   Klangmassage   Meditation   Mudras

Atmung   Ruhe   Kreativität   Bewegung   Entspannung   Gefühl   Wahrnehmung

„Glück ist dort,
wo man Glück schenkt."

Ladislaus Boros

▌ Vorbereitung

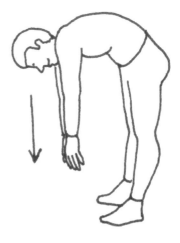

Die Gestaltung einer Mitte entfällt bei diesen Übungen. Sie werden im Zimmer zwischen den Arbeitsphasen durchgeführt. Eine besondere Mitte zu gestalten wäre einerseits zu zeitintensiv und bliebe andererseits ohne die gewünschte Wirkung, da durch die kurzzeitige Konzentration auf die Körperübungen die Mitte in ihrer Bedeutung nicht zum Tragen käme.

▊ Erklärung und Ziele

Die Energieübungen für zwischendurch können als Auflockerung, zur Entspannung und zur Energiegewinnung themenunabhängig zwischen zwei Unterrichtseinheiten eingesetzt werden. An dieser Stelle können die Übungen neu gelernt und eingeübt werden, um dann immer wieder zur Anwendung zu kommen. Sie haben dabei einerseits ihren Eigenwert als kurze Entspannungseinheiten, auf der anderen Seite bietet das regelmäßige kurze Üben auch eine wunderbare Vorbereitung auf die Unterrichtseinheiten, in denen diese Kurzübungen in einem größeren Zusammenhang gebraucht werden.

Ziel ist, dass die Kinder
• Möglichkeiten kennen lernen, sich kurz und schnell zu entspannen,
• die körpereigene Energie aktivieren,
• Rhythmus und Bewegung erfahren,
• Atem bewusst wahrnehmen und gezielt „einsetzen" können.

▊ Ablauf

Die folgenden Übungen eignen sich zum Einsatz

• zwischen zwei Arbeitsphasen
• am Beginn einer Arbeitsphase
• am Ende einer Arbeitsphase

und werden je nach Notwendigkeit, Bedarf oder Wunsch der Kinder ausgesucht und durchgeführt. Wie lange die Übungsphase dauert bzw. wie viele Übungen gemacht werden, hängt von der zur Verfügung stehenden Zeit ab. Als Entspannungsübungen für zwischendurch oder zur Vorbereitung auf größere Einheiten eignen sich:

• Übungen aus dem Yoga
• Energie spüren
• Schultern stärken
• Rücken verwöhnen
• Halt und Wärme geben
• Hände gegenseitig massieren
• Mudras
• Meditation
• Meditativer Tanz
• Klänge hören und spüren
• Einen Klang weiterschenken
• Klangpyramide

Die Durchführung der Übungen ist in den verschiedenen Unterrichtseinheiten beschrieben.

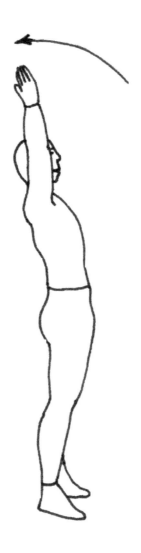

Ich entspanne mit dir –
Kinder leiten ihre eigene Entspannungsstunde

Sozialform: Einzel-, Partner-, Gruppenarbeit

Einsatzbereich: je nach Thema

Übungsschwerpunkte: je nach Thema

Material: je nach Belieben und Übung

*„Schlafen und sich entspannen
ist keine verlorene Zeit,
sondern Zeitgewinn."*

Michel Quoist

▌ Vorbereitung

Die Gestaltung der Mitte sollte den Kindern bereits aus früheren Einheiten geläufig sein. Sie sollten wissen, welches Material sich eignet und dann selbst entscheiden, was ihnen gefällt bzw. mit welchen Materialien und Symbolen sie die Mitte ihrer Entspannungsstunde gestalten wollen. Dazu sollte vielfältiges Material bereitstehen, damit die Gestaltung der Mitte als Einstimmung in die Stunde bereits in ruhiger und achtsamer Atmosphäre erfolgen kann.

▌ Erklärung und Ziele

Diese Unterrichtseinheit sollte nur mit Kindern durchgeführt werden, die bereits einige Entspannungs- und Energiestunden mitgemacht haben. Die Kinder sollten über vielfältige Erfahrungen verfügen und die Wirkung verschiedener Übungen schon selbst erlebt haben, um ihr eigenes Programm zusammenstellen zu können. Voraussetzung ist natürlich ein gewisses Maß an Selbstständigkeit und Verantwortungsbewusstsein. Der Leiter sollte hauptsächlich die Rolle des Initiators und Koordinators übernehmen. In dieser Einheit geht es vor allem darum, mit bewusster sozialer Wahrnehmung, Achtsamkeit und Intuition zu erspüren, welche Bedürfnisse und Wünsche in der Klasse/Gruppe vorhanden sind und diese kreativ umzusetzen.

Je nach Stundenthema, falls die Kinder sich eines aussuchen, und je nachdem, welche Übungen die Kinder wählen, unterscheiden sich natürlich auch die Ziele und Wirkungen, die in dieser Einheit erreicht werden. Sicher ist, dass die Schüler von einer selbst gestalteten Stunde insofern profitieren, als sie ihre Selbstständigkeit, Selbstverantwortung und Verantwortung den anderen gegenüber wieder ein wenig weiterentwickeln können. Zudem werden persönliche und soziale Kompetenzen geschult und auch

„fachliche" Kompetenzen in Bezug auf Entspannung und Körperarbeit erworben.

Eine selbst gestaltete Einheit ist für die Kinder natürlich eine wunderbare Gelegenheit ihrer Fantasie und Kreativität freien Lauf zu lassen. Und es bleibt eine Herausforderung, gemeinsam mit anderen eigene Ideen vorzustellen, durchzuführen, aber auch eigene Wünsche denen anderer unterzuordnen und sich miteinander zu einigen...

Ziel ist, dass die Kinder
- die eigenen Bedürfnisse erkennen und zum Ausdruck bringen,
- auf die eigene Intuition achten,
- Erfahrungen einbringen, sich an Erlebtes erinnern,
- bereit sind, Neues auszuprobieren oder Bekanntes zu variieren,
- Fantasie und Kreativität entwickeln,
- sich einfühlsam und rücksichtsvoll auf die anderen einlassen,
- erfahren, dass und wie sie sich selbst entspannen können.

▌Ablauf

Motivation
- Zielangabe: Entspannungsstunde selbst gestalten
- Bedürfnisse und Wünsche klären und sammeln

Ausführung
- einen Plan entwerfen
- einen Leiter bestimmen
- den Plan ausführen

Reflexion und Ausklang
- Danken – Würdigung

Ausblick

*„Alles vergeht,
doch nichts mit dem Herzen
Erlebtes löscht aus."*

Zenta Maurina

▌ Kreativ und intuitiv bleiben

Der eigenen Kreativität und Intuition vertrauen

Wer sich weiter mit den vielfältigen Möglichkeiten der Entspannung auseinander setzen möchte und Lust bekommen hat, die Erfahrungen aus den Praxisbeispielen fortzuführen bzw. noch mehr Neues zu erleben, sollte einfach auf seine Intuition vertrauen und alle Möglichkeiten seiner eigenen Kreativität ausnutzen: Ideen kommen lassen, weiterspinnen, ruhen lassen, neu aufgreifen, ergänzen und schließlich in die Tat umsetzen. Wer selbst Freude und Spaß an neuen Formen des Lernens, an alternativen Körpererfahrungen, an gemeinsamen Entdeckungen hat, wird diese Freude auch an seine Schülerinnen und Schüler weitergeben.

Experimentieren

Eine weitere Möglichkeit sich mit Entspannungsmethoden zu beschäftigen, besteht darin, diese mit den eigenen Kindern, mit Freunden oder Kollegen auszuprobieren.

Experimentieren kann man auch insofern, als man die vorliegenden Einheiten nicht einfach übernimmt, wie sie sind, sondern vielmehr das auswählt, was einem selbst gefällt, und weglässt, was einem weniger

sympathisch ist, oder wobei man sich unsicher fühlt. Dazu gehört auch, Schwierigkeiten zu entdecken und anderes auszuprobieren, wenn einmal etwas nicht so gelungen ist, wie man es sich vorgestellt hat. Manchmal genügt eine winzige Veränderung – und schon ist alles ganz neu und anders!

▌ Elternarbeit

Die Einbeziehung der Eltern kann zum einen mehr Verständnis für die Übungen bringen, zum anderen bietet sie die Möglichkeit, gemeinsam mit den Eltern über die Persönlichkeitsentwicklung ihrer Kinder zu sprechen. Eine Einführung in das Thema könnte an einem Elternabend geschehen. Noch wirksamer wäre es sicher, gemeinsam mit den Eltern eine Einheit zu gestalten und sie miterleben zu lassen, was und wie mit ihren Kindern gearbeitet wird.

▌ Entspannt im Kollegium

Entspannt ins Wochenende – die Idee

Die Idee entstand an einem Freitagnachmittag, als sich wieder einmal die Frage stellte: Warum müssen wir die Schule am Ende der Woche immer mit letzter Kraft verlassen? Warum kann das nicht auch in entspanntem Zustand passieren?

Zunächst sprach ich einzelne Kollegen/-innen an, von denen ich vermutete, dass sie an Entspannung im weitesten Sinn interessiert sein könnten – und siehe da: Von da an fand immer am Freitagmittag direkt nach Unterrichtsschluss eine Stunde statt, zu der jeder kommen konnte, der entspannt ins Wochenende gehen wollte.

Anregungen zur Entspannung mit Kollegen

Die folgenden Themen bieten sich für kurze Einheiten in der Arbeit mit Erwachsenen, d. h. hier mit den Kollegen an:

- Zeit – Wofür nehme ich mir Zeit?
- Meine Aufgaben
- Der Weg meines Herzens
- Blühen
- Mandalas – Auf zur Mitte!
- Klang in meinem Leben
- Zeig mir dein Gesicht
- Berühren
- Blau
- Bäume
- Anfangen – Frühling

Bezüglich der Durchführung verweise ich auf die Anregungen zur eigenen Weitergestaltung, die sich auch auf diese Einheiten übertragen lassen.

▮ Ergebnisse und Wirkungen

In der eigenen Entwicklung lassen sich verschiedene Ebenen der Selbstverwirklichung unterscheiden.

Auf der „intrapersonalen Ebene" geht es darum, verschiedene, bisweilen auch unterschiedliche Anteile der Persönlichkeit im psychischen sowie physischen Bereich (hier speziell: verschiedene Körpersignale) in das Ich zu integrieren.

Ganzheitlicher Unterricht, insbesondere die unterschiedlichen Formen der Entspannung, bieten vielfältige Ansätze, um diese Ziele zu erreichen.

Die „interpersonale Ebene" bezieht sich auf die zwischenmenschlichen Erfahrungen in der Klassengemeinschaft, in der Schule allgemein (Schulatmosphäre, Verhältnis zu Lehrern/Mitschülern) und vielleicht sogar in weiteren gesellschaftlichen Gruppen (Eltern, Medien etc.).

Denn zweifellos wird sich sowohl eine Gruppe als auch die Stimmung an einer Gemeinschaft verändern, wenn immer mehr Lehrer und Kinder sich mit Formen der Entspannung, also mit ihrer eigenen körperlichen, geistigen und seelischen Weiterentwicklung auseinander setzen!

Besondere Bedeutung kommt dabei dem positiven Einfluss auf Lernverhalten, Leistungsdruck, Gewalt, Vereinzelung u. Ä. zu, was letzten Endes auch die Persönlichkeitsentwicklung der Kinder, ihre Zukunftsorientierung und Sinnfindung im weiteren Leben erheblich mitbestimmt.

Und schließlich haben Entspannungsmethoden auch Auswirkungen auf die „transpersonale Ebene", des Eingebundenseins in ein Gesamtsystem. Dabei geht es nicht um konkrete Ziele und Ergebnisse, sondern vielmehr um die Möglichkeit, einen Raum zu schaffen, in dem Erfahrungen dieser Art realisiert werden können.

▌ Weiterführende Literatur

Bennett, Vicki: Die Traumschaukel. Wie Kinder mit Phantasiereisen ihre Ziele erreichen. *Herder Spektrum Verlag, Freiburg 1996*

Crosse, Joanna: Körper, Geist, Seele und Natur. Die illustrierte Jugendenzyklopädie. *Könemann Verlagsgesellschaft, Köln 1999*

Friebel, Volker und Kunz, Marianne: Meditative Tänze mit Kindern. *Ökotopia Verlag, Münster 2000*

Furlan, Elisabeth: Komm, wir spielen Yoga. *Bauer Verlag, Freiburg 1998*

Henn, Ursula: Entspannte Kinder - fit fürs Leben. Phantasiereisen, Geschichten und Übungen zum Ruhigwerden. *Herder Spektrum Verlag, Freiburg 1999*

Hess, Peter: Klangschalen für Gesundheit und innere Harmonie. *Ludwig Verlag, München 1999*

Hirschi, Gertrud: Mudra. Yoga mit dem kleinen Finger. *Bauer Verlag, Freiburg 1998*

Lehmann, Günter: Rückenschule für Kinder. *Gräfe und Unzer Verlag, München 1998*

Mala, Matthias: Wohlfühlen durch Mudras. *Midena Verlag, München 2000*

Maschwitz, Gerda und Rüdiger: Phantasiereisen zum Lebenssinn. *Kösel Verlag, München 1998*

Montessori, Maria: Wie Kinder zu Konzentration und Stille finden. *Herder Spektrum Verlag, Freiburg 1998*

Müller, Else: Bewusster leben durch autogenes Training und richtiges Atmen. *Rowohlt Taschenbuch Verlag, Reinbek bei Hamburg 1983*

Müller, Else: Auf der Silberlichtstraße des Mondes. Autogenes Training mit Märchen zum Entspannen und Träumen. *Fischer Taschenbuch Verlag, Frankfurt 1994*

Proßpowsky, Petra: Kinder entspannen mit Yoga. *Verlag an der Ruhr, Mülheim 1996*

Rücker-Vogler, Ursula: Yoga und Autogenes Training mit Kindern. *Don Bosco Verlag, München 2000*

Unseld, Siegfried: Goethe und der Ginkgo. *Insel Verlag Bd. 1188, Frankfurt 1998*

Vollmar, Klausbernd: Autogenes Training mit Kindern. *Gräfe und Unzer Verlag, München 1994*

▌Bezugsadressen

Ätherische Öle gibt es in Apotheken, Drogerien und Naturkostläden. Besonders empfehlenswert sind die reinen, ätherischen Öle der Firma „Primavera".

Yin-Yang-Leuchter gibt es zum Selbergießen bei der Firma Hobbyfun OHG, 96215 Lichtenfels („Kerzenhalter 8", Bestell-Nr. 200 02 34)

▌Quellenhinweis

Seite 11: Gedicht „Was braucht ein Kind..." von Irmela Brender, aus: War einmal ein Lama in Alabama. Allerhand Reime und Geschichten in Gedichten. Mit freundlicher Genehmigung von: Verlag Friedrich Oetinger GmbH, Poppenbütteler Chaussee 53, 22397 Hamburg

Seite 52: Gedicht „So wie der Baum nicht endet" von Norman H. Russel (Cherokee-Indianer) aus: Sterne die singen, Rudolf und Michaela Kaiser, Kösel Verlag 1997, S. 245, mit freundlicher Genehmigung von: Prof. Dr. Rudolf Kaiser, Hildesheim.

Sollten in unserer Unterrichtsmappe Werke von noch geschützten Autoren aufgenommen sein, deren Quellen hier nicht nachgewiesen sind, so konnten diese trotz intensiver Nachforschungen nicht ermittelt werden. Wir bitten die Inhaber solcher Rechte, sich mit uns in Verbindung zu setzen.

Klangmassage
nach Peter Hess®

NEPAL IMPORTE

Klangschalen – mit allen Sinnen spielen und lernen
Petra Emily Zurek / Peter Hess
120 Seiten, Vierfarbig,
ISBN: 3-938263-08-3
16,80 €

Video zum Buch 16,80 €
(Ab August 2006 auch als DVD)
ISBN: 3-938263-11-3
Preis: 16,80 € (D) 17,30 € (A)
als Kombipack-Set
(Buch & DVD)
Preis: 26,80 € (D) 27,30 € (A)

Klang und Klangmassage in der Pädagogik
Viele Praxisbeispiele der Klangmassage und Klangpädagogik nach Peter Hess®
ISBN: 3-938263-02-4
Preis: 9,90 Euro

us-, Weiter- und Fortbildungs-eminare in der Klangmassage und langpädagogik nach Peter Hess®

ezielle Seminare auch für Kindergarten und hule, wie z.B.
it allen Sinnen spielen und lernen, Gestaltung ezielter Fantasie- und Klangreisen, „Freunde für nder"- Selbstvertrauen von Kindern stärken, minare zur Lernförderung, Klangmassage bei)S/ADHS und viele mehr...

rdern Sie gerne unverbindliche und stenlose Informationen an:
stitut für Klang-Massage-Therapie
ter Hess
nzer Dorfstrasse 71 · D-27305 Süstedt-Uenzen
.: 04252-939809 · Fax: -3436
Mail: info@klang-massage-therapie.de
er besuchen Sie uns im Internet:
vw.klang-massage-therapie.de
vw.klangpaedagogik.de

Wir bieten Ihnen Klanginstrumente und Zubehör für die Arbeit mit Kindern in Krabbelgruppen, Kindergarten und Schule. Auch für das Spiel und die Entspannung für Sie und Ihre Kinder zu Hause!

Zum Beispiel sind unsere **Peter Hess products® BENGALI Klangschalen** aus jahrelanger Erfahrung speziell für die Arbeit im Kindergarten hergestellt.
Sie sind robuster als andere Klangschalen, haben jedoch ein sehr harmonisches Klangvolumen und einen lang anhaltenden Klang.

Informieren Sie sich gerne bei uns auch über unser Juwel, die **Peter Hess products® ACAMA®-Klangschalen** für die Therapiearbeit. Sie sind speziell für die Klangmassage am Körper hergestellt.

Weiterhin führen wir **Fen (Sonnen-)Gongs** ab 40cm, die auch von Kindern gehalten werden können und **Zimbeln** in verschiedenen Größen. Gongs und Zimbeln sind wertvolle Instrumente für Klangspiele, -experimente und -reisen.

Informieren Sie sich gerne unverbindlich und kostenlos bei uns über weitere Produkte und spezielle Angebote für Kindergärten und Schulen!

Nepal Importe
Uenzer Dorfstrasse 71 · D-27305 Süstedt-Uenzen
Tel.: 04252-2411 · Fax: -3436
E-Mail: info@nepal-importe.de
Oder besuchen Sie uns im Internet
(immer aktuelle Angebote)
www.nepal-importe.de

Meine Übungen

Meine Übungen

Meine Übungen

CARE ■ LINE

Robert Jaeschke

Lust auf Bewegung

111 Bewegungsspiele für Schule, Alltag und Therapie

Dieses Buch enthält Bewegungsspiele für Kinder aller Alters- und Leistungsgruppen, die variabel einsetzbar sind. Sie eignen sich für kurze und lange Pausen, für den Sportunterricht, die Klassenfahrt oder einfach zur Auflockerung zwischendurch. Mit ihren unterschiedlichen Zielsetzungen dienen die Spiele z.B. der Entspannung, fördern Kreativität, Konzentration oder auch Wahrnehmung und machen Spaß an Bewegung.

154 Seiten, DIN A5
Bestellnr.: 125252
ISBN 10: 3-937252-52-5
ISBN 13: 978-937252-52-0
EUR 12,90

Doris Nathrath • Dr. Edith Wölfl

Erfolgreicher Schulanfang mit ADHS-Kindern

Theorie und Praxis für den Unterricht in der Grundschule

Schulanfang mit ADHS-Kindern – eine echte Herausforderung, die man mithilfe der vielen erprobten Vorschläge in diesem Buch besteht. Im Einführungsteil werden aktuelle Hintergrundinformationen zum Störungsbild ADHS dargestellt.
Die Leitidee des Praxis-Teils heißt: Mit einfachen Maßnahmen und klaren Strukturen den Schulanfang (nicht nur) für Kinder mit Aufmerksamkeits-Problemen erleichtern – und vor allem lustvoll gestalten. Nicht Perfektionismus ist gefragt, sondern „Weniger ist mehr" lautet das Motto.
Zahlreiche Kopiervorlagen für das Erste Lesen, Schreiben und Rechnen bieten sich zum sofortigen Einsatz an. Zur Abwechslung wird immer wieder ein Fest gefeiert. Dazu werden jede Menge Anregungen mitgeliefert.

64 Seiten, DIN A4
Bestellnr.: 125299
ISBN 10: 3-937252-99-1
ISBN 13: 978-3-937252-99-5
EUR 14,80

CARE-LINE Verlag GmbH, Fichtenstraße 2, 82061 Neuried
Tel.: 089 / 74 55 51-0, Fax: 089 / 74 55 51-13. E-Mail: verlag@care-line.de, Internet: www.care-line.de